光岡英稔×中井祐樹

術と道

身体で知る武の思想

新泉社

はじめに

総合格闘技の時代。今の状況をそう言い切ってしまっても差し支えないかと思います。私たちもその成立と発展にわずかながら寄与した「夢」の格闘技が、競技レベル、経済規模ともに未曾有《みぞう》の領域に達した現状を目の当たりにし、素直に驚嘆《きょうたん》しています。

トップクラスの実力者であっても勝つことが容易ではなくなるほどのレベルの向上、ファイトマネーの高騰《こうとう》。プロボクシングやプロレスといった既存のメジャーなマーケットからも常にパートナーシップを求められ、スポーツ界のみならず政財界や芸能界からも多数のセレブリティが観戦やサポーターとして集まる場となりました。

かつて、プロ野球、ラグビー、フットボール、大相撲、柔道、レスリングなど、ナショナルレベルの選手やオリンピックメダリストが集まるのはプロレス界の専売特許でした。しかし、今やそれらに加え、ボクシング、空手、キックボクシングの世界で頂点を極めた選手までもが、こぞって総合格闘技界に参入してくるようになりました。市場として、稼げる場所として魅力的なのでしょう。本当に感嘆するばかりです。

私は長らくこの世界に身を置き、浮き沈みを見てきました。バイオレンスすぎると批判されたこともありましたが、時代を切り抜けてきました。おそらく、総合格闘技はもう消滅することはないでしょう。その浸透ぶりを肌で感じています。

しかし、格闘技はこのままで良いのでしょうか。この十年ほど、誇らしさと共に、そうした疑問も抱くようになりました。方向性の画一化が顕著であること、ドーピング問題など公平性や社会的な立ち位置の揺らぎ、曖昧さ。技術的・心理的な深層を掘り下げることの重要性と、それを商業ベースで語る難しさ。先行き不透明な部分も増大しています。

そんな模索《もさく》の日々の中で、武術家の光岡英稔先生といつしか知り合うことになりました。光岡先生は、私には想像もつかないレベルで思考し、修練を積まれてきた方です。先見性があり、いつも対話をさせていただくたびに感服するばかりです。先生の著作も、共著を含めすべて読ませていただきましたが、今回対談のお話をいただいたものの、雑談ならいざ知らず果たして対等な会話になるのか、正直不安で一杯でした。

その成果がここに示されています。私としても初心者に戻った気持ちで自分をぶつけてみて、素直になれたかなという気持ちがあります。私は正直なところ、武術、ひいては武道とは何か、その意義は何なのか、わからなくなるときが今なお少なからずあるのです。いつまで経っても、表面的な勝ち負け、強い弱い、効いた効かない、決まった決まらない、にこだわっている未熟者に過ぎません。でも今はそれでもいいじゃないか。そこから前を向こう、と思っています。そんな思いを光岡先生にぶつけてみたところ、温かく包み込んでいただいたような、そんな心境です。

いまや多くの格闘技選手が、セカンドキャリアとして技術を家業にして生きていこうとする時代。曲がりなりにもその先鞭《せんべん》をつけた人間としての責務として、より広く世の中との関わり方を見据えていかねばなりません。

人を叩き、投げ伏せ、抑えつけてマイッタを言わせる。そんな技術を追求してきた者が、果たして社会に何を示せるのか。そう考えた時、武術や武道としての側面を帯びてくるのは自然な流れでしょう。では、我々はその方向性をどう考えていけば良いのか。

YouTubeや動画配信サイト等で、気軽に格闘技を見られる今だからこそ、格闘技が好きな人だけではなく、万人の頭の片隅にでも置いてもらいたい、そんな話が咲き乱れました。ぜひお楽しみください。

中井祐樹

二〇二五年一月

術と道——身体で知る武の思想⦿目次

第五章　これからの社会と武道——215

本文写真　春日 玄（26頁、184頁、186頁、209頁、235頁、265頁、266頁）
写真提供　甲斐毅彦（57頁）
　　　　　著者（15頁、170頁、217頁、248頁）

第一章 「武」を考える

光岡　中井先生にお見せしたい写真がありまして、これ覚えていらっしゃいますかね。

中井　おお、なんとこれは私じゃないですか！　いつの写真ですか？

光岡　たぶん一九九九年くらいです。中井先生が池袋の極真会館の道場でブラジリアン柔術を指導されていた時期で、見学に行かせてもらった時に記念に一緒に撮っていただきました。

中井　なんと、そうでしたか！　それにしてもこの頃は柔道着を着ていますね。ちょっとブカブカだ。

光岡　たしかハワイのバレット・ヨシダ[*1]が日本で活躍し始めていた頃でした。BJ・ペン[*2]がまだ有名になる前で、「ハワイにはバレットよりも恐らく強い人間がいて、これから出てくるはずです」といったような話をした覚えがあります。その後にBJがブラジリアン柔術の世界選手権で外国人として初めて優勝し、その後にＵＦＣ（アルティメット・ファイティング・チャンピオンシップ）のチャンピオンになりました。

中井　懐かしいですね。その頃はハワイに住まれていたんですよね。ということは、この時期は一時帰国されていたんですか？

光岡　はい。それでいろいろなところに出稽古みたいなことをしてまして、当時は日本ではＰＲＩＤＥで桜庭和志さんなど日本人選手も活躍し始めていた頃でした。総合格闘技ブームの影響でいろいろな道場が日本でもできていて、見学や出稽古をさせてもらうために各地を回っていたんです。

中井　そうでしたか。

光岡　すべてがそういうわけではないのですが、高田道場[*3]みたいにプロ選手がいる団体は、「そういう人は別に練習していて」みたいな感じで、プロの選手は一般と分かれていて相手はしてくれませんでした。昔のプロレスも多分そうでしょうけど、一流選手はお客さんの相手はせずに下の人にさせるみたいな感じです。

中井　僕にはプロ選手だけの練習という発想はないんですよね。練習は練習なんで。プロだから特別なことをするとは、まったく考えたことがないんです。誰だって別に負けたいわけじゃないし、やり込められたいわけじゃない。となると、やることは一般の人も同じですよね。これが僕の変わらない感覚なんですよ。

光岡　確かに競技である限り最終的に行き着く先は〝どう勝つか〟ですから、プロもアマも別に変わりませんよね。

中井　だけど「プロ練をなんでやらないんですか？」と聞かれるんですよ。いや、プロだって普通の練習に参加すればいいじゃないですかと思うわけです。「一見《いちげん》さんお断り」というのは僕の性分じゃないんですよね。とはいえ、わかりますよ。他の人が、一般の人が混ざってしまったらレベルとして物足りない。「ちょっとな」と思うのは感覚としてはわかるんです。けど、僕の中にそれはないんですよ。北海道大学柔道部出身だからでしょうかね。素人と一緒のところにいさせるっていうか。素人をないがしろにしないっていうのかな。理由はわかりませんが、私自身が素人から始まってるっていうのも大いに関係してそうです。

光岡　中井師範の場合は高専柔道[*4]の流れを汲む七帝柔道[*5]が背景にあるということですね。そのあたりの話も今回じっくり聞かせていただければと思います。

「武」が提供できるものとは

中井　はい。まず僕の方から光岡先生に聞いてみたいと思ったのは、「『武』がこれからの時代に提供できることはなんなのか？」ということでして、ものすごく大きなテーマではあります。

　僕は「武」に理解がない。というよりわかっていない。わかっていないんだけど、僕自身がもしかしたらそこに向かう可能性がなくはないと思っているんです。若い時は「武道」という言葉は使わなかったし、「武道にあってスポーツにないものなんてひとつもねえよ」って言ったこともありますし。でも今はむしろ武道と言わないと通じない人もいっぱいいるし、格闘技と言っていたら競技から出られない。だったら「道」にするしかないという思いはあるんです。

光岡　武術界ならびに武道界の現状は、正直いうと支離滅裂《しりめつれつ》で玉石混交《ぎょくせきこんこう》がひどすぎる状態ではあります。

中井　だからこそといいますか。現代版でいうところの「武」の世界を自分は担っているのではないかという思いはありますね。とはいえ、ちょっとだけですけど。格闘技というスポーツ、競技の世界ではあっても、人の生死に関わることまで見てしまったところがあるので。

僕は武器を使わないし、なんらかの流派を受け継ぐわけでもないですし、あくまで一対一の競技の中でのなんでもありなので、そのような条件下でのなんでもありを極《きわ》めるという意味では武術と違うと思います。だけど現代社会において、「争わない」「戦いを未然に防ぐ」とか「社会を生きぬく」とか。そういう意味も含めて「武」の位置にいるんじゃないかと思って、武道と言わせてもらっています。でも格闘技界からはすこぶる評判悪いですよ。

光岡　えっ、そうなんですか。

中井　武道ジャンルの方とコラボしても、格闘技界の反応はほぼありません。「中井さんそっちに行っちゃったか……」。そっちに行かないで欲しかった」という感じです。でもね僕、自分のやっていることを「格闘技だけだ」と思ってないんですよね。最初は確かに、自分がやっているのはファイティングスポーツだと思っていました。だけど、ある時期から「武道」と言うようにしたんです。今となっては僕の中では格闘技も武道なんです。ただ、いわゆる一般で言うところの格闘技とは何かといったら、「競技化されたファイティングスポーツだけを取り上げて、それをより限定して指している」と僕の中では定義しています。

光岡　確かに、格闘技という言葉が生まれたことで、社会的に武道が格闘技を通じて認知されたという側面はあります。

中井　格闘技はファイティングスポーツの位置づけではありますけれど、突き詰めていくと、競技化された柔道や空手も入るだろうとは思います。そうなると「武道」といった方がより人生を通じて追求するものだ、という意味が出るかなと思っています。

歴史的には武専と呼ばれた組織がもともとは私立大日本武徳会武術専門学校[*6]でしたが、これが大正時代に大日本武徳会武道専門学校に名称が変わった。武道という言葉を国家が公式に用い始めたのは、その辺りからではないかと思うんです。当時は武術も武道も同じ扱いで、日本特有の言い換えで武道にしたんでしょうかね。

光岡　柔術と柔道の関係もそうですね。今では死語ですが、当時だとそっちの方が「ナウい」といいますか、新しい感じがあったのかもしれません。

たとえば、カリというフィリピン武術がありますが[*7]、この名を作ったのは、ハワイのマウイ島に在住していたフローレル・ビルブレイルで、ダン・イノサント[*8]の師匠の一人です。ビルブレイルは、おそらくハワイで公式にデスマッチをやった回数が一番多かった人物です。そのビルブレイルがフィリピンに伝わる武術を指す「カマイ－リホック」を省略して、「カリ」と呼び始めた。カマイは「手」を、リホックは「動く」。つまり「手を動かす」という意味なんです。タガログ語だったか方言だったか忘れましたが。

ともかく、それまでフィリピン武術のことをエスクリマとかアーニスと呼んでいました。どちらもスペイン語なんですよ。フィリピンの武術なのに名前がスペイン語だとおかしい。というわけでビルブレイルが「これはカマイ－リホック、略してカリである」と言い始めた。それが一気に広がったわけです。最初は「渡米したビルブレイルが作った造語だ」みたいな感じで言われていました。でも結局、カリという言葉の方が普及しています。言いやすいですし。

中井　格闘技という言葉が一般化していったのはアントニオ猪木さんの影響ですね。「格技」や「闘技」という言い方は以前からあったと思いますけど、「格闘技」は造語に近いですよね。

光岡　社会的に「格闘技」なる言葉が認知され始めたのはアントニオ猪木さん[*9]が提唱した「格闘技世界一決定戦」あたりからですよね。その後はＵＷＦ[*10]さらにシュートという流れで格闘技という言葉が一般化していくんですね。武術や武芸というのが一般的だったのが、明治になって武道という新語になり、一般化した武道からさらに昭和になって格闘技という語が生まれ、定着したことになります。

中井 さっき「武道」と呼んだ方が「人生を通じて追求するもの」という意味合いが出てくるという話をしました。「道」にすることでライフスタイルという意味が加わるのかなというふうに思っています。そして、武道とは、古流といわれたりするような柔術や剣術にルーツがある。ということは、徒手《としゅ》だけではないですよね。

格闘技という競技化されたものだけを想定すると、武器術も含めたトータルな意味はなくなります。雑多な状況で相手が武器を持っているということも含めて、戦闘の術を伝える。

そういう意味では、スポーツとしての格闘技よりは武術のほうがより広いかなという感じはします。それにスポーツだとゲーム的な要素もあるし、体が丈夫になったりと楽しさを見出したりしやすい。スポーツであることを強調して汗をがっつりかかせたり、勝敗のゲーム要素を楽しんだりという方向に現代社会は向かいやすい。実際、熱狂させやすいです。スポーツスクールがそういうふうにして火をつけているところがあるのでしょうけども。僕は違いますけどね。

大会の勝者は一人だけ。じゃあ敗れた人は間違っているのか？　という話になるんです。勝った人はある意味正しいんだけど、勝った人だけが正しいわけではない。いろいろなやり方があるから、誰しも決して間違っているわけではない。だから「その道を追求して欲しい」という思いがあるので、それだったら「武道」といった方が、より広範な人を含められる。

あるいは「武術」といった方が、より限定されていない状況も含んでの修練が可能になる。そう思って僕は武道や武術という言葉を使って話してるんですけど、「武術の人は実際に戦うわけじゃないから」というスポーツ界隈の人が必ず現れるので、「うーん」と思いながらいつも見ています。

光岡　現代においては、現代武道や格闘技と戦ったり、その技量を公に見せた結果、武術家を名乗る人の失態が明らかになった例は多々ありますからね。本当に武術界の不甲斐なさは酷いところがあります。

中井　確かにそうかもしれません。でも、格闘技の人も戦場で命のやり取りをしている人からしたらお遊戯をやってるようなもんだろうと思うんですよね。僕はそこまでは言えないけど、個人的にはそう思っています。だから「うーん」と思いながら眺めています。

武道、武術、格闘技の違い

光岡　ここであらためて武道や武術、格闘技の違いについて整理しておいた方がいいかと思います。あんがい稽古している人も理解していないことも多いと思いますから。

私が最初に学んだのは空手なんですが、あるとき先生が「空手は武道でありスポーツである」と言ったんです。一九八〇年代の話です。先生に限らず、その頃から「武道スポーツ」みたいな表現が出始めたように記憶しています。後には「格闘空手」みたいな表現も出てきますが。

とはいえ、武道とスポーツは違う気がしたので、「どういう意味ですか？」と尋ねたんです。そうしたら「競技だからスポーツマンシップに則《のっと》って戦うし、そのスポーツマンシップは武道精神に基《もと》づくんだ」と。まあ要領を得ない答えが返ってきた(笑)。なんとなくわかるような、わからないような、モヤモヤする答えでした。そこでわかったのは、私が求めているものはもしかしたら武道じゃないかもしれないということと、なんらかの競技に限定して勝つことに興味がないということでした。

中井　とはいえ、以前にうかがったお話では高校生のころ空手の全日本大会で決勝まで行かれたのですよね。

光岡　高校生の部ですが、一年生の時に日本武道館で全国大会の決勝まで行きました。反則がキッカケで決勝では負けましたが、その頃にはもう競技に対して冷めてきてはいたんです。なんらかの競技で勝てるからといってそれが「本当に普遍的に強いのか」という疑問が生じてきました。ですので複雑な心境でした。

武器を持ってもいいし、多人数でもいいし、とにかくなんでもありを前提に戦うこと。人と人とが戦うとはどういうことなのか。そういうことをやっていきたい、知りたいという思いがあったので、空手と柔道だけだと物足りなかった。

伝統武術と呼ばれるジャンルは一応、体系としてそういうことを教えていると知って、そこで大東流合気柔術、竹内流や新陰流をはじめ、中国武術だと形意拳、八卦掌、孫式《そんしき》・武式《ぶしき》・陳式《ちんしき》太極拳、八極拳などを学びはしました。でもどの流派も体系は伝えられているけれど、名人や達人の逸話のレベルに至る人はいない。「自分はできないけれど、こういうことができるらしい」と先生に言われもすると、やはり武術としての確かさを感じられずにいました。

高校卒業後、十九歳でハワイに渡り、現地でペンチャック・シラットというインドネシアの武術と、先ほど話したカリ、エスクリマ、アーニスというフィリピンの武術に出会って武術観がはっきりしたように思います。
日本の武術だと、たとえば相手が急にナイフで突いてきた場合、流派によっていろいろですが、ひとつの典型として、小手返しのように相手の手首を極めて短刀を奪って両手が空くようにします。そうして相手を組み伏せて肘関節か肩関節を極める技があります。これは合気道や合気系武術にもある技法です。その場合には相手を伏せ抑えることで降参させる選択肢を与えるわけです。
ところがシラットだと相手がナイフで刺してきたら、相手の手首を取っていわゆる小手返しを仕掛けるところまでは同じなのですが、相手は素直に投げられるわけがないから抵抗することを想定し、その抵抗した相手の力と勢いを用いて、持っているナイフを返して相手の首の動脈を切るなり急所を刺すなりします。それを見た時に「え？　すぐ殺してしまっていいの？」とものすごい武術的カルチャーギャップを覚え、ショックを受けました。

中井　なるほど。そもそもの発想の前提が違うんですね。

光岡　そうなんです。ギブアップする選択肢を与える間もなく動脈をためらいなく切る。驚いたけれど、「でも武術って、これだよな。これもアリで考えないといけないよな」と感じ、思いました。一瞬で片方の命がなくなる、これがあり得る世界が武の

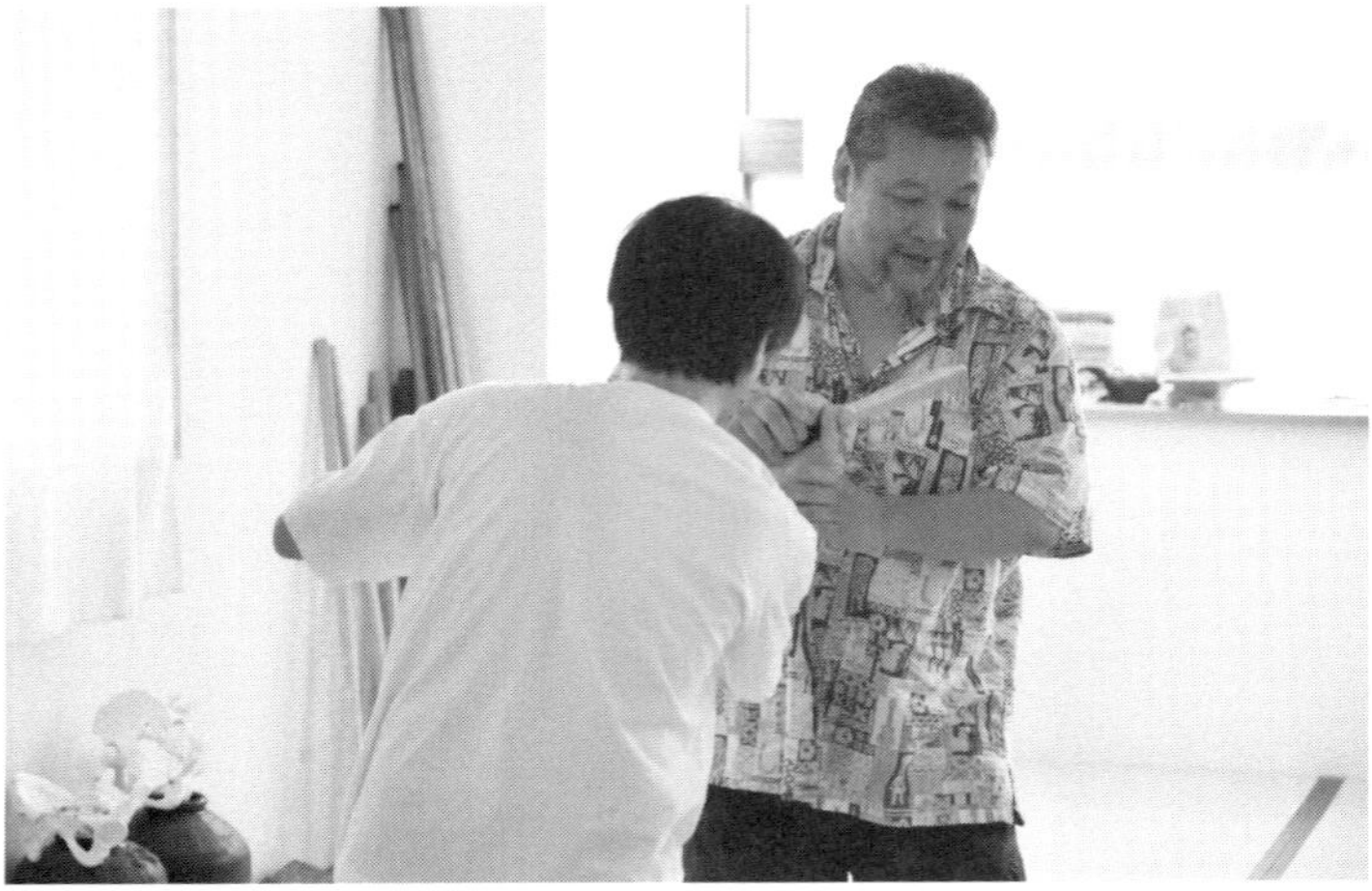

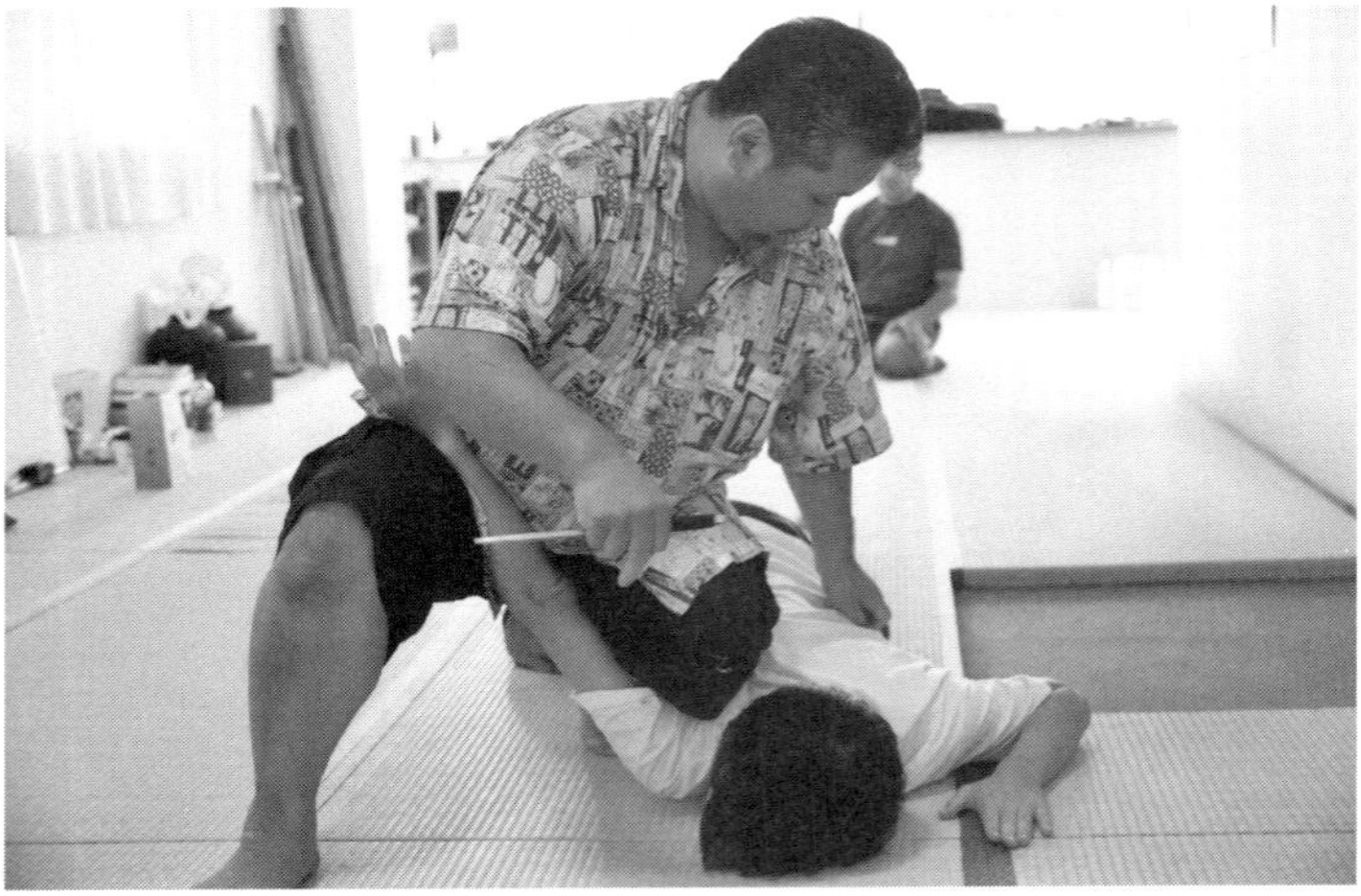

世界なんだと。

中井　なかなかエグい世界ですね。

光岡　日本の武道でも源流には、結構そういう発想があるにはあるんです。でも文化の成熟度といいますか、これは日本だけでなく中国もそうですが、本来は殺傷技術を内包する武術とはいえ、文明社会が整いそれが継続し成熟してくると道徳観や倫理観が働いて、「相手を殺してしまうまでやるのはありえるけど、それは決して武の理想形ではなく、自分を救い相手も救うのが武の本義である」といった価値観が生まれてきます。まあ、ほとんどの中国武術や合気道など合気系の武術家や武道家でそこまでできる人はいません。口先だけ達者な人は多々いますが。

中井　十九歳で、理想論ではない方向に本来の武術を感じたわけですね。

光岡　はい、武術に求めていた世界観がハワイにはありました。たとえば、ムスティーカ・クゥイタング&チマンデー派のシラットのナイフ・トレーニングの仕方も独特でした。そのシラットの創始人であるジム・イングラム[*11]に勧められたトレーニングは、自動車のタイヤをナイフで刺す練習なのですが、タイヤにグリースを垂らし滑りやすくし、そこを刺す練習します。次に刃引きしてそこまで切れないようにしたナイフと今度は手にもグリースを塗った上でタイヤを刺すようにと言うんです。なんでかというと、実践時には一人を刺すと手に血糊が付いて滑るからです。最初の相手を刺したとき、血糊が手についてナイフが滑ると自分の手を切るから、そうならないように手の内が滑りやすい中でナイフを持って刺す練習をしないといけない、と言うのです。

中井 実践的といえば実践的ですが、やっぱりエグいですね。

光岡 日本で生まれ、その文化圏の武道を学び、なんとなくですが「現代の日本武道の精神性、道徳観」というものに触れていたので、その殺傷性の高さと、無慈悲に殺傷技法が行われることは最初はショックではありました。かといって、日本の道徳観のある武道は高尚でシラットは野蛮で下等と片付けていいわけでもないと感じました。

私が出会った最初のシラットの体系には創始者のジム・イングラムの人生経験や戦闘経験が影響しており、そこに生々しさがありました。ただ、他のシラットを教えている方々に習い、その戦闘性と部族の踊りのあいだには深い関係があるといった文化背景に触れていくなかで、ちょっと見方が変わってきました。

それにシラットやカリなどの東南アジア武術に関する話を聞いたり、実際に教えてもらったりしているうちに、もちろんどの流派も命のやりとりが前提ではあるんですが、今までみたいに日本や中国の武術の範疇で捉えるだけでは狭いんだと気づきました。

エグさについていうならば、格闘技と武術、武道の違いは死生観が関わってくるのではないでしょうか。競技武道や格闘技で人が死ぬとアクシデントになります。でも、武術の場合は人が死ぬことはアクシデントではなく、技術的にも思想的にも意思と目的が達成された結果でしかないんです。技術的に人を殺傷する体系だから。その前提にある発想がまったく違うのかなとは思います。

ただ武道の場合は、武術と格闘技の中間というかグレイゾーンにある感じですよね。柔道という競技化した武道のバックボーンは武術で、たとえば起倒流や天神真楊流に由来する技は危ないですよ。シラットに勝るとも劣らない殺傷性の高い技を内蔵している。ただ不用意に使っては不慮の事故が起こり得るから、それをはぶかないと競技化ができない。

ここで矛盾が生じるのは、競技が盛んになると危険な技が練習されない稽古体系になっていく。本来備えていた武術の技が失伝していく恐れがあります。

中井 いまだに柔道には「古式の形」が残っていますよね。

光岡 嘉納治五郎[*12]は「古式の形」や「五の形」によって武術の要素を残そうと考えたんでしょう。だけど柔道に初めて入門した人にとっては、当然ながら自分の力量でできる技に現実性を感じるわけです。乱取りを通じて力をつけている実感がある人にとっては、「古式の形」は非現実的だし、「あんなので実際に人が投げられるわけない」と思っても仕方ない。「古式の形」を実践可能な状態まで復興できる人がいなくなっていくから、現代武道において、あんな古い形の稽古なんかしても実践にむけてなんの役にもたたないと決めてかかる現実性は、ますます重みを増していきます。

中井　嘉納治五郎師範が高専柔道の人たちに「引き込んだら危ないだろう」と言ったら「寝技だって柔道の技なんだからいいじゃないですか」と返されたそうなんです。今となっては、嘉納師範の気持ちがわかります。やっぱり「引き込むのは、武術としておかしいんじゃないか」「柔道を体育にしてしまったらまずいんじゃないか」みたいなことを言いたかったんじゃないかと思われます。嘉納師範の心はいかばかりか。試合で勝つことにこだわる人とはレベルの違う発想をしていたんでしょうね。

「総合」という考え方

中井　パラエストラ東京を立ち上げたのは一九九七年なんですが、さっきもプロ練がないと話したように、ここはクラス分けというかレベル分けをしていません。初心者と世界チャンピオンが同じ場所で練習するし、種目も分けていない。やりたいものを持ち寄ってやっていい場所なんです。僕はそれが「総合」だと思っています。

ＭＭＡ（総合格闘技）という競技として考えれば「それは違うんじゃないか」と思う人もいるでしょう。でも、街中で徒手だけで立ち向かえるような状況じゃなかったらどうするの？　という話もしておけるようにしておきたいんです。試合に出る人は十人中一人いるかいないかの割合です。あとの九人は試合ではない状況が本番だから、だったら試合の真似事を練習しなくてもいいんじゃないのっていう気持ちが常にあるんです。それが「総合」。

だから術理をずっと研究してもいいし、ひたすら「抑え込まれたどうするか」をやってもいい。もっと発想を広くしてもいい。そうなると収拾がつかなくなるんですが、その収拾のつかないものを何とかするのが、ＭＭＡのマネジメントだと思ってるんです。

光岡　まったく同感です。以前、「サンボの大会で優勝するのもいいけれど、あくまでサンボというひとつの練習方法がある。キックボクシングやブラジリアン柔術の練習方法があり、空手、相撲という稽古方法がある。そういう発想でやっている」とお話でしたよね。ひとつひとつの流派はあくまでひとつの稽古方法だという捉え方をされている。私もそこに同意しかなく、まったく同じような考えで武術に取り組んできました。しかし、中井師範の思想というか考え方は格闘技界や武道界では他にはいない発想ですよね。

中井　おそらくまずいないですね。みんな競技にとらわれすぎなんですよ。競技のルール内のことだけしかやらない。それはそれでいいんですけど。それで楽しいし幸せなので、あえて僕が言うことではないんですけど。

光岡　中井先生はジャンルの全体図を見渡すことをされているようにうかがえます。しかし、それこそが総合格闘技であり武道の「総合」たるところじゃないですかね。

中井　「もしかしたらこの人は別の場所に行ったら大化けするかもしれないな」という場合、今の枠組みから出てはいけないことになっているんだとしたら、かわいそうだと思うわけです。いろいろなきっかけを見つけてもらって、羽ばたいてもらいたい。

それが危険なのはわかりますよ。だって「うちから出てもいいよ」と言ってるのと同じだから、経営の観点からしたらまずいことです。だから、まあ普通の先生は言えるはずがないんです。

でも僕は本当のことを言ってあげたいんですよ。「寝技？　寝技なんてやらなくていいぞ」って。「先生、オレ十年寝技やったけどやっぱり嫌いだわ」という生徒がいたら「大丈夫、立ち技があるから行ってこい」と言ってあげたい。うちでやってもいいけど、立ち技は専門もあるからそこを選べたら移ればいい。自分の生き方を見つけたなら、いいじゃんそれって思うんです。

そうやって探求していって、身体の使い方であったり生き方みたいなものを見つけてもらうのがいいんじゃないか。それが多分、武道の社会的な役割ではないかと思うんです。もしかしたら、武道界の人にとっては、頭越しの失礼な言い方かもしれませんけど。

光岡　いえ、現状のどんな武道家よりも、武道団体よりも中井先生の持たれている武道観が元来の武道のあるべき姿に近いものだと思います。競技としての格闘技であれば、基本的に強さを活かすことになると思います。

ですが、武術は弱い人間が、その弱さを見つめていくなかで、それを克服していきながら、強い人と同等に並ぶぐらいに持っていく。たとえばそんなに剣が上手《じょうず》じゃないとしても、それをひたすら練習することによって、強い人や才能ある人を抜けないかもしれないけどなんとか互角の勝負にもっていける。それが本来の武術の発想だと思うんです。

明治期からの流れですが戦後は武道の競技化、スポーツ化がさらに激しくなるし、格闘技もいろいろな展開をしました。ただ、そこで武道が競技になっていく過程で失われるものに武道界、武術界は気づいてこなかった。先天的な身体能力、運動能力の差で強い人が勝つのは基本的に競技です。そうなるのは、まあしょうがないんですけど。

中井　競技においては、それは正しくもあるわけじゃないですか。それだけが正しいわけではないにしても。

光岡　そこを考えると「武術と競技武道や格闘競技を分けるものとは何か」といった命題とテーマが生まれてきます。そこから見えてくるものがあったからこそ私は競技の方に行かなかった。その命題とテーマが「事分ける」違いは私の中では大きいです。中井先生のようにMMAなどの競技をしている人にリスペクトはあるんですが。

たとえばアメリカでフォークスタイル・レスリング[*13]をやっている人たちと話すと、もうなんというか、そのレベルの高さやレスリング技術は尋常ではない。競技自体の社会的認知度もレスリングは高く、すでにアメリカではアメフト、バスケなどと並んでその存在が認められています。

日本もどちらかといえば、空手や柔道、剣道といった武道も格闘技も競技としてのレベルの向上と社会性を高める方向に進んできたわけです。そういう流れの中で違和感をはっきり口にされているだけでなく、それを具現化しようとされている方に出会ったのは、中井先生が初めてだったんです。

武術家や武道家が自分のやっていることにアイデンティティを託すようになると、それに引っ張られて発想も広くはとれなくなる。だけど、もうちょっと広い目で武道を捉《とら》えれば、「そもそもなんで武道ってこうなったんだっけ？」と起源を問えるわけです。そうなるとプロレスと柔道が関係していたように、ブラジリアン柔術とサンボに日本の柔術や柔道が影響したように全部関係していて、そういうものも含めて「総合」なんだというのがわかってくる。そういう視野で物事を見たうえで、「じゃあ自分はサンボをしよう」とか「だから自分は古流の柔術を稽古したい」とかあってもいいわけです。

弱い人間が勝つためには

中井　武術は弱い人間だからやるという話がありましたから、その弱さについて触れておきたいんですが、弱者という言い方はきついかもしれない。だけど、やっぱり身体的に優れていないとか、力で押し負けてしまうとか、崩されてしまうとか、競技をやっているアスリートにはかなわないと思うんです。それはそうですよね。

だけどそういう弱い人でも勝つにはどうしたらいいのかとなったとき、たとえばブラジリアン柔術を身につければ、「下になっても大丈夫。後ろを取られても、そこから回復していずれは何時間かかるかわからないけど勝つ」みたいなことができる。それが柔術だと思っているんです。

今は競技柔術のことばかり考えている人が九割だから、この話はあまり柔術家には響かないんですけど。とにかく僕はそう思ってやってきて、弱いところから次第にいろいろなことができるようになって、最後は頂点の強い方に行けるはずだと思っています。いわば三角形の一番底辺をブラジリアン柔術で広げることによって強くなっていけるはずというのが僕の二十代の若々しい発想だったんです。それが今では「柔術じゃなくてもいいんじゃないか」と言うわけです。

サンボだろうが柔道だろうがレスリングだろうが。なぜか今システマ*14のシャツを着てますけど(笑)。システマだろうがいいじゃないか。僕の経験として、武術をやっていた人と柔術のスパーリングをすると変なところが重かったりして、引っかからなかったりする時があるんですよ。なんだか重いんですよね。普通の相手なら返せるところが妙に返りにくいとかがあったり、それはやっぱり何かを修練していれば何かになっているんだと。そういうことになると思うんです。「何か」ばかり言って、曖昧で申し訳ないですけど。

光岡　いや、おっしゃる通りだと思います。

中井　「なんでそんな考えになるんですか」とよく言われます。うちの練習を見た人に「ここで打撃やってるのに、隣で寝技やってたらカオスじゃないですか。そんなの学級崩壊じゃないですか」と言われるんですよ。でも学級崩壊ってなんですかね。いろいろやっているのが世の中だし、だからこれが現実であると僕は思うんだけど、やっぱり普通の先生にそれは全然わからないらしい。いや、本当にこういうことはずーっと言ってるんですが、全然理解されてないですからね。ブラジリアン柔術の人たちは「うるせえな」と思っているんじゃないですか（笑）。多分そうだと思うんですよ「柔術はＭＭＡじゃねえんだよ」って。

光岡　ただオープンに総合的な見地でやっているだけですよね。

中井　おもしろいことに僕が武道と言うと、「そっちに行ったか」と格闘技の競技界隈の人は渋い顔をするけれど、同時に「あそこは勝ち負けしかやってない。あいつらスポーツだから道《みち》がねえんだよ」と非難するわけです。青木真也君[*15]が相手の腕を折った時に「あそこは礼儀とかやってねえからな」と言われたりしました。

光岡　武道的な礼節がないというわけでしょう。

中井　以前、うちは夜の練習は全員揃ってミーティングしてから終わっていたんです。ある時、何がきっかけか忘れましたが、それをやめて、代わりに「〇〇さん、上がります」と言って送り出すというか、各自が帰るようにしたんです。これは互いに名前を覚えるのに良かったみたいですが、効果はそれだけでなくて、それまでと違って、みんな平気で日付が変わるまで練習し出したんですよ。ということは練習をもっとしたかったんだなとわかったわけです。そしたら、なんて書かれたと思います？「あそこは、終わりの礼《れい》もないらしい」となるんですよ。だからあんな荒くれ者が出るんだとかになるわけですね。

武術の原風景

光岡　先生の道場の運営方法は江戸時代の武術の原風景だと思うんですよ。

中井　そうですか？

光岡　精神性や礼儀とか言っている人の思う武道は、あくまで明治維新以降の新しく編成されたものを指しているんです。明治期の欧化啓蒙主義の影響に加え、大日本帝国が戦争に向けて行《おこな》った軍事教育の一環としての武道教育が今の武道を作り上げたというのが実相です。わずか百年から百五十年ほどの歴史の中で創作されたものが今や立派な「伝統」「武道」になっているわけです。

それは本来の武ではないですよね。少なくとも江戸時代の武道は、中井先生の道場で行われているような感じだったと思います。寺小屋にしても、武術の町道場にしても、今の教育からすると一見「学級崩壊」に見えるような形式の中で実力が磨かれていくものじゃないでしょうか。

精神性や礼節についていえば、武術の技量があっても、そんなものはない連中も当時は多いし、人格者でも全然ないわけです。

たとえば林崎新夢想流という居合術の流派の何代目かは、凄まじい腕前で、背丈が一五〇センチぐらいなんだけど三尺三寸（約一メートル）もの長い刀を瞬間的にパッと抜いて切ることができた。ただ技量はとても優れていたけれど、大の酒好きで弟子の刀を盗んで質に入れて酒に替えてたような問題のある人だったといいます。

海外の人に限らず日本人にしても「武士、サムライはすばらしい」と思う人がいるかもしれませんが、あまり美化せず、たまにそういう人格者も武士の中にいるくらいに思っておいた方がいいかと思います。

中井　やっぱり僕自身はスポーツしかやってこなかったところがあるから、自分のやっていることが「武道」と言ったところで試合を目指さない人にどう教えていくかは試行錯誤の繰り返しです。考えて修正してるところはあります。

光岡　試行錯誤の中でしか見えてこないのかもしれません。道があると思っている人の実態とはどんなものか。ちょっと思い出したことがあるのでお話しします。二十年くらい前、防衛大学に招かれて指導したことあるんですが、参加していた空手部の主将に「なぜ空手をやってるの？」と聞いたら「道を極めるためです」と答えたんです。

「道を極めるってどういうこと？」

「空手を極めることです」

「空手を極めることってどういうこと？」

「道を極めることです」

というふうに思考停止してしまい傷の入ったレコードのように、同じところばかりを再生、循環し始めたんですよ。それを聞いて、防衛大もけっこうやばいなと思いました。

一応、日本の軍事のトップクラスを育てる場所なわけでしょう。ちょっとこれはあんまりだなと思って、「みんなね、上の言うことばかり聞いてちゃ、いざという時に現場での状況判断と選択ができなくなるからダメだよ」と集まっている学生に向けて言ったんです。

というのも、基本的には軍事なので上からの命令があるとしても、自分が見ている目の前の状況に合った判断を自ら行い、最適解を見出しきりぬけないといけないわけでしょう。上から言われた指示に従うことは軍事や大きな組織では仕方がないところもありますが、それを自分の判断能力のなさや選択能力のなさに結びつけてしまわない方がいい。特に軍事では最悪の状況を考えて一人一人が現場に臨《のぞ》まないといけない。また、そのような状況判断ができる人間を育てられるような教育方法が必要ですが、現状の自衛隊はそうではなかったようです。

戦場だろうがどこであろうが、それこそ上官がなんと言おうが現場では、最終的には自分で判断して行動し、その自身の行動と判断に責任を取らないといけない局面があるわけです。その指導の場も学生たちに「言われたからやる」という態度がどうしようもなくあったものだから、あえて「上に言われてるからやるなんてダメだし、そんなんじゃ武術、武道なんて身につかないから」と言ったわけです。そうしたら何人かの上官の顔が引き攣っていました。

一方、学生は「この人は何を言ってるんだ」という顔をして、ぽかーんとしている子もいました。人間ってどうしたらいいかわからないときに口を開くんだなと思いましたね。あんぐりと口を開けている子も何人かいました。まあ、当たり前ですが、二度と呼ばれなくなりましたがね（笑）。

相撲と身体感覚

光岡　中井先生が冒頭で自身のされていることを「武道」と定義した方が「より人生を通じて追求」できると話されました。今の社会の中でどういうかたちで武道が残っていくのが望ましいのか。そこで武術や武道、格闘技をより大きな枠で捉えて「武」とすれば、いろいろなものを包括できると思います。ちょっと相撲を例にとって武について考えたいと思います。

相撲は武術ではないというのが江戸期くらいからの伝統的な位置づけで、要は殺し合いをするわけではないからです。私は相撲は身体教育としてはすごく優れてると思うんです。相撲は日本特有かというとそうではない。世界中に「組む」身体文化はあるわけです。モンゴル相撲や韓国のシルム、東南アジアから中央アジアまでいろいろな相撲のバリエーションがあるわけです。どこの文化圏や民族のあいだでも発生したということは、組むということが人間にとって大切なことだという考えがあったからじゃないかと思います。
殺し合いにならないまでも人間と人間が争ったりするときに、どうすればいいか。異なる人間同士がせめぎ合うときの加減なり按配《あんばい》を身体で学習する。その身体の経験を総合して「武」と呼んだとき、それを学ぶうえで相撲なり組むということはとても良いのではないでしょうか。やっぱり触れ合って互いを確かめることは大切だと思うんです。何より子供でも安全に行えるのがいいですね。
以前、パラエストラ東京でのキッズクラスを見学させていただいた際、すごく印象的だったのが、中井先生がみんなに「今日何やりたい？　レスリングやりたい人？　柔術やりたい人？　相撲やりたい人？」と聞いていて、そしたらその日は「相撲やりたい！」と大部分の子が口を揃えて言ってましたね。
中井　ここは相撲場じゃないんだけどなとは思いました（笑）。でも相撲はルールが単純明快だし、頑張って押し出せば勝てるというわかりやすさがあります。昔の人が「遊びは相撲だった」というのをよく聞きますし、柔道とか野球の選手でも、「相撲で足腰を作った」という人たちがかつてはいましたよね。
光岡　日本各地でも村相撲や町内会の相撲大会などがあった時代ならではの話ですね。
中井　柔術ルールを教え込んで「これをやるんだぞ」と言わなければ、組ませると自然と相撲になりやすいですね。

光岡　今のＵＦＣを見ていると、互いにテイクダウンしたときの体力の消耗などのリスクファクターが多すぎて、倒した後にグラウンドになっても決めきれない。結局、組み合っての攻防の中で相手を倒そうとするけれど、五分一ラウンドの五ラウンド、二十五分間のラウンド制でもあるから、どうスタミナを維持するかも考えなくてはいけない。時間無制限だと違うと思うんですけど、制限があるからその中でどううまく自分のスタミナを一〇〇パーセント使い切るかみたいな感じで試合を組み立てないといけなくなっている。

中井　おっしゃるとおりです。

光岡　そうすると組み技や寝技に持っていくには、その技術に長《た》けていないと体力の消耗のリスクが高くなるわけです。今やガードポジション[16]も、グラウンド・アンド・パウンド[17]がＭＭＡで一般化した中では決して有利な体勢ではない。試合後半になると、テイクダウンを狙い過ぎる人や下に行き過ぎる人はガス欠やダメージの蓄積で最後に負けちゃう。だから、どうなってくるかというと、やっぱり互いがテイクダウンもでき、グラウンドもできる者同士の中で立ち技の攻防がメインになってきます。そうなると、選択としてふたつ考えられるのは、相撲やレスリングなどの立ちの組み技でテイクダウンが取られない人と、ボクシングか空手、キックなどの打撃もできる人が勝ち残って行くように見受けられます。

中井　そうです。

光岡　立った状態で、つねに自分が優位になるように組んで、相手を投げられるけど、自分は投げられない状況に持っていく。それが相撲です。そして、その攻防の中で有効な打撃を当てられたら勝てる。それが技術の向上と変遷を経てのＵＦＣの勝ち方だというふうに見ています。だから相撲とボクシングという組み合わせが、今のＵＦＣだと最強じゃないですか。

中井　そうですね。でもＵＦＣで勝てるからというふうに限定せず、少なくとも文化としての相撲をもっとしてほしいなと思っています。今の子供たちは遊びで相撲をとったことがないって言うんですから。うちの道場で初めて相撲をやったっていうんですよ。学校で相撲なんかしたら「あんな乱暴する子と遊んじゃいけません」と言われるご時世ですからね。

先日、わんぱく相撲の練馬大会に子供のクラスの子が出るんで久しぶりに行ったんです。そうしたら会長の挨拶で「四百人集まった」と話していました。相撲人気もちょっと復活してきたのかもしれません。もしかしたら僕が煽《あお》っているのも少し効いたのかもしれないです。「とにかく相撲大会ぐらい出たらどうか」とずっと言っているんですよ。

光岡　昔は小学校で大会がありましたよね。だいたい学校や近くの神社に土俵がありましたので、身近な存在です。私の実家は岡山なんですけど、家の近くの護国神社に土俵があるし。ハワイのヒロの私が指導に使わせてもらっていたワイケエア・レクリエーション・センターですら外に土俵がありました。

中井　へえ！

光岡　その、私が指導や練習で借りていたレクリエーション・センターには板張りのスペースと、畳のスペースもあれば、リングもあって、その建物の外に土俵がありました。しかし、私がハワイ在住の頃から、もう廃れて誰も土俵を使っていませんでした。ハワイのヒロでも一時期は相撲人口が結構いたんだろうなと思うんですよ。ハワイ出身の力士もいましたし、日系人も多いので。

中井　そうなんですね。そういえば、小学生の時に、担任の先生が女性だったんですけど、その先生と相撲を取っている写真がどこかにありますよ。北海道の田舎だったんでそういうのがあったのかもしれません。とりあえずわんぱく相撲は全国にあるし誰でも出られる。普段は野球やサッカーをやっていても、あるいは何もやってない子も出られて、そうやって身体がぶつかる経験をして欲しいなと思っています。

触れ合うこと、感性、コミュニケーション

光岡　やっぱり相手と触れ合う体験が廃れていくと、対人での感覚経験が少なくなり、互いのコミュニケーションにおける感性と知性が衰えると思うんですよ。私の場合、人間同士の感性や知性については武術や武道を通じてしか身につけたことがありません。

あとはカリフォルニアで幼少期に過ごした環境が、ほぼ自給自足に近かったのと、アメリカの様々な人種や階層の子供たちと過ごしたことも私の感性と知性のベースになっているようです。

自分は大学には行っていないけど、それに相当するなと思うのは武術、武道を通じて受けた教育なんですよ。今年で四十年目になる武学探究を経て人とのコミュニケーションの仕方なども学習してきました。だからなおのこと人と人との関係を学ぶうえで、コミュニケーションの根底にある触れ合うという経験は欠かせないと思っています。

中学三年生のうちの息子が言っていたんですけど、身体にコンタクトすることそのものを今の学校では先生があまり良しとしないみたいです。子供同士のふざけ合いであっても、相手が先生に言ったら問題になる。

中井　まあそうですよね。僕らの子供の頃だと前日のプロレス中継を見て、次の日に廊下ですれちがいながらラリアットをしたりとか、コブラツイストをかけたりして、そういうことで技を覚えたので、プロレスごっこくらい許してあげてくれっていう心情はあるけれども、今それを言うことさえ炎上しかねないです。そういう世の中になってしまったので、だからこそ「道場に来て暴れてくれ」というスタンスなんです。「ここなら何をしてもいいんだぞ」と。

もちろん組み技の範疇《はんちゅう》ですよ。とりあえず最初は加減がわからないところもあるから打撃はなしです。基本は全部ありでいいということにしてます。二人でルールを決めて戦っていいなんて場所なんて、世の中にそうそうない。ただ打撃のほかに関節への攻撃は怖いんでストップをかけます。空手とかキックボクシングとかの打撃のアマチュアの大会に行くと、すごいたくさん人が参加しているんですよね。組み技より派手だし、だから人気なんでしょう。

だけど正直、怖くないのかなと思います。子供だとなおさらで身体の芯がまだできていないわけでしょう。僕はできれば相撲からやって欲しいなと思いますね。それかレスリング。身体の軸《じく》をつくって強くしてから打撃をやった方がいいと思うんです。だから、あんまり僕は打撃の大会のことはＳＮＳでシェアしないんですよ。

光岡　子供のうちは寸止めルールだとか、防具をつけて顔を叩かないとか、段階的にやっていけば安全性は保《たも》てるとは思います。でも、打撃の場合の怪我のリスクは組み技、特に寝技に比べて圧倒的に高いのは変わらない。

中井　そうですね。会員の選手がＫ－１ルールの試合に出たことがあるんですけど危ないなと思いました。クリンチできないのは危険ですよ。

光岡　クリンチしてはダメなんですか？

中井　すぐブレイクです。Ｋ－１はキックボクシングから首相撲などを省くことによって打撃が多くなった。当然ＫＯが増えます。

光岡　ＫＯ率が上がると確かに見る側のエンタメ性は上がりますよね。

中井　ムエタイは明確に首相撲を得意とする選手がいますから、組み技と打撃を包み込んでいるという意味で武術っぽいなと思います。その方が身体にもいいはず。Ｋ－１みたいなルールだと身体は壊れやすくなる。チャンピオンになるのはいるだろうけど、その過程で何人も怪我人、それこそ死ぬ人だって出るぞと思うとちょっと怖いです。一人の勝者の足元には屍《しかばね》が累々《るいるい》と横たわっている。そういう印象を持っているのは、僕が打撃に対する偏見があるからだと言われそうですけど。

光岡　とはいえ、ダメージの蓄積はありますから。それこそ武術の打撃の発想が必要かなと思います。古流の柔術や空手の打撃の発想は、師は弟子に対して、相手に確実にダメージを与える打撃を身につけさせる。と同時に、その打撃に対して耐えられる身体になるように鍛えさせる。それができたうえで組手という状態に持っていく。すぐスパーリングさせると確かにおもしろいし、下手《へた》でもそれなりにできるから楽しい。そのことで学び続けるモチベーションが生まれるし、持続性は生じるかもしれない。

中井　いい運動になりますしね。

光岡　そうなんです。だけど、人生をかけて追求できるもの、包括的な武ということを考えると、本筋はダメージを与えることと、それに耐えられる身体を養うといった、相反することを学んでいく必要があるわけです。そうしたら身体の基礎がちゃんとできるし、それがゆくゆく長い目で見た時に人生をかけて学んでいけることになる。それにこうした身体を養ったうえで選手になるのだったら、怪我が少ない状態で続けることができるわけです。

スパーリングがいい運動になるのは確かにそうでも、それだと結局「身体が頑丈な人が強い」といった、持って生まれた素質や才能主義になってしまう。「強い人は強いから勝つ」というのはそれはそれで素晴らしいことではあります。でも先ほどのお話のように、一人のチャンピオンが生まれる環境には、たくさんの屍が横たわっているとしたら、その屍も蘇れる体系ができるといいなと思っていますし、それが私の武に対する発想の根底にあります。

組み技系と打撃系の文化の違い

中井　組み技系は打撃系と文化が違うなと思うことがありまして、やっぱりあちらはどつきあう方だし、相手を遠ざける感じ。団体も離散をするのはどちらかといえば打撃系という印象を持っています。なんせ僕らは握手するので（笑）。

総合格闘技の場合で合同練習をするとなると、だいたい組み技になっているはずです。打撃もあるけどダメージを与えるような人がいたら、「ガチでやりすぎ」といった苦情がでますから。それだけ打撃は約束事を作るのが難しい。でも、組み技の隆盛に刺激されたんでしょうか、空手やテコンドー、中国武術といった打撃系の流派を問わない交流スパーリング会みたいなものをちらちら目にするようになりました。ある程度、その交流会の流儀みたいなものを共有しながらやっているようで、いい傾向だとは思うんです。

光岡　スパーリングの相手が、願わくば人格者であって欲しいけど、みんながみんなそういうわけじゃないですし。特に現役であれば、相手かまわず潰《つぶ》したくなるような気持ちを持ってますから。それを考えるとやっぱり組み技はある程度安全に練習ができますよね。

中井　投げられてもそれがマットの上だったら受け身をとればいいし、参ったをすれば済むしっていうところがあるので。

光岡　日本は古くからその発想が基盤としてあったのかなと思います。だからでしょうか、江戸から明治期に向かうにつれて剣術と柔術を比べると、柔術の方が普及し始めるんですよね。明治期は武士が刀を腰に差さなくなったことも関係しますが、時代が進むとともに組んだり投げたりする体系の方が、もしかしたら稽古方法を示すうえで優れていたのかもしれません。「ここを持ってこうすれば、相手を投げられる」とか。そういう風に実際に手を取って練習するということを組む場合はできますから。

でも、打撃だと空間の「そこ」に手を置くと次の瞬間、相手の顔が「そこ」にくるといった、地続きじゃない感覚を獲得しないと相手に当てられないわけです。もちろん組み技にも直感は必要だと思うんですけど、打撃の場合は直感の使い方がもうちょっと空間的にならないと難しい。まして初心者には難度が高い。

ダメージの大きい当身や突きほど有効だけど、有効な打撃ほど練習ですると、まあ相手が壊れていくわけです。下手をすると死んでしまいます。これを繰り返して行くと稽古相手がいなくなります。そこらへんの関係性も含めて人と人との触れ合いから学んでいくことができるのが武術であり、包括的な武であると思うんです。その歴史を日本は持っているわけです。ですが、そういう土壌から生まれた観点や発想が今、底下げとでもいうべき状態になっていると思います。

中井　「底上げ」じゃなくて「底下げ」。

コンテンツの娯楽性と武術

光岡　はい。それこそYouTubeで武術を披露するのもいいんですけど、それはあくまで娯楽のコンテンツとして見られているんですよね。エンターテイメント性を重視しないと見てもらえないのが前提です。だからプロレスや格闘技と、YouTubeとの相性はすごくいいと思うんですよ。ただ武術だと本来なら相性がすごく悪くなるはずです。

その目の前の人は無論のこと、側で見ている第三者すら見えないうちに刀を抜いて切る。それが武術です。コンテンツの娯楽性は、その関係を見えるようにするという発想に支えられているわけです。だから見えないことが当たり前の武術とは方向性が真逆すぎます。

中井 ああ、なるほど。

光岡 第三者すらわかる動きって絶対目の前の人はわかると思うんですよ。

中井 それはそうですね。

光岡 そこが武術のシビアなところだと思うんです。対峙している相手すら気配を察知できないから、気づいたら終わっている。これに一番近い試合で私が聞いたことあるのはフィリピン武術のカリの試合で名を馳せたアントニオ・イラストリシモ[*18]。中井先生もご存知のバートン・リチャードソン先生[*19]の師匠の一人です。

中井 はいはい。

光岡 試合は何をやっているかまるで見えなかったそうです。要するにどう勝ったかわからない試合ばかりらしいんですよ。カリのスティックでやる場合もあれば、シンガポールでの試合は、真剣でやったらしいんですよ。

中井　真剣ですか⁉

光岡　相手はシラットの使い手で、相手もナタのようなナイフを持って戦うんです。で、これが見えないんですよ。気がついたら勝負がついて相手が腕が使えなくなってナイフを落としていた。一応どちらかが戦えなくなるか、死ぬまで勝負するというルールなんです。

腕が使えなくなった方も死ぬつもりだったから、続ける気だったらしいんですけど、でもその時に「ちょっと待ってくれ。俺は死んでもいいけど、命が惜しいわけじゃない。今俺はどうしてやられたんだ？　それが知りたい」と言ったそうです。いつ自分の腕が切られたのかわからない。観客はなおさらわからない。それでイラストリシモに「ここでの負けを認める。代わりに金はいくらでも払うから、うちに住んでくれ、そして私にお前の技術を教えてくれ」と頼んだそうです。その方は結構な金持ちだったみたいです。それと奥さんもたくさんいるような人だった。だから滞在中はイラストリシモは三人目の奥さんをもらって半年ぐらい住んで指導したんだそうです。

負けたら相手に学べばいい

中井　すごい話ですね。僕も「やられたら相手に習えばいい」とよく言うんです。僕自身もスパーリングでやられたら相手に「今どうやってやったの」ってすごく聞きますから。それで身につけた技がいっぱいありますよ。相手が無名有名関係なくです。相手は嫌だったでしょうね。

光岡　どういう技が印象に残っていますか？

中井　変形の「前三角」です。三角絞めっては普通はこうやって取るじゃないですか（実演する）。だけど、これは肩甲骨バサミなんで。絞めじゃないんです。だから痛いんですよ。

光岡　ああ、なるほど。

中井　なんかちょっと言いようのない、身体に悪そうな痛みがくるんですよ。この世のものとは思えない痛さがあります。奥から肩骨ごと背骨がねじれるような感じ。変な圧迫のされ方、ねじれるような圧迫のされ方があります。名前はないんですけどね。

光岡　名のなき技のひとつですね。

中井　たまたま別の試合でまったく同じ決まり方の試合を見かけました。ゴードン・ライアン[20]という有名な選手がいますよね。彼がハレック・グレイシーにかけていた。そのとき、場内アナウンスがあって「トライアングル」って言ってました。でもチョークではないです。僕は「肩甲骨バサミ逆三角固め」と言っています。長いですけど。とある道場で僕はやられまくった経験があります。それで質問し倒して、今は得意な技になってます。

あとこれはやられた技ではないんですけど、僕の得意技に「文子《ふみこ》絞め」という技があります。二本指で絞めるんですけど、文子さんという女性が使っていたらしいんです。僕は北大柔道部時代に休みの日は札幌市内の町道場や、公共体育館で柔道をしている人たちのところをまわっていたんですけど、そこで教わったんです。「昔、文子さんという人が使っていた技だよ」って。

光岡　文子さんは何者なんですか？

中井　それがよくわからないんです。町道場に来ていた方らしいんですけど。もう三十年以上前に教えてもらったんですが、そのときは「本当に使えるのかこれ？」って思ったんですけど、効果を発揮するあるシチュエーションがあって、今では得意技です。

注

＊1　一九七五年ハワイ生まれ。日系アメリカ人三世の柔術家、総合格闘家。

＊2　一九七八年ハワイ生まれ。柔術家、総合格闘家。元ＵＦＣ世界ライト級王者。元ＵＦＣ世界ウェルター級王者。ＵＦＣ史上二人目の二階級制覇王者。ＵＦＣ殿堂入り。史上初めてブラジル人以外で柔術世界選手権で優勝。ＢＪ・ペンズＭＭＡ主宰。

＊3　プロレスラーの髙田延彦により一九九八年に設立された格闘技道場。設立当初は総合格闘技の選手を育成しており、桜庭和志、佐藤豪則、西島洋介、リコ・ロドリゲスなどの選手が所属していた。現在は子供向けのレスリング・体育を指導するクラス、大人向けのレスリングクラスの他、打撃・サブミッション・レスリングを学べるクラスを展開。

＊4　戦前に旧制高等学校、大学予科、旧制専門学校で行なわれていた寝技を中心とした柔道。講道館柔道とは異なり、立ち技から寝技に引き込むことが認められ、優勢勝ちが無いなど独自のルールがあった。井上靖の自伝的小説『北の海』（新潮文庫）でその様子が描かれている。また現在、総合格闘技などで使われる絞技、関節技の多くが開発された。

＊5　北海道大学、東北大学、東京大学、名古屋大学、京都大学、大阪大学、九州大学の七つの旧帝国大学だけで行われる寝技中心の柔道大会。「七大柔道」とも呼ばれる。講道館柔道とは異なり、十五人戦の抜き勝負、寝技に「待て」がかからないこと、一本勝ちのみなど戦前の高専柔道のルールを踏襲している。増田俊也の自伝的小説『七帝柔道記』（角川文庫）でその様子が描かれている。増田俊也については第二章注6参照。

＊6　戦前京都にあった旧制専門学校。武術教員養成所→武徳学校→武徳会専門学校の改称を経て一九一二年（明治四十五年）、私立大日本武徳会武術専門学校となる。通称「武専」。武道の指導者養成を目的としており、学生は剣道か柔道のいずれかを専攻し、あわせて国語や漢文の教育も

行われていた。「武専」の青春群像を描いた作品に、村上もとか『龍-RON-』（小学館）がある。

＊7　一九一五年―一九八二年。フィリピンに生まれる。フィリピンの伝統武術カリの伝説的名人として知られ、生涯無敗を誇ったといわれる。ジークンドーのダン・イノサントの師匠としても有名。

＊8　一九三六年アメリカ生まれ。フィリピン系アメリカ人の武術家。ブルース・リーの弟子としてジークンドーを継承する他、柔道、空手、カリ、シラット、サバット、ケンポーカラテなど多くの武術を修める。

＊9　一九八四年に設立されたプロレス団体。正式名称は「ユニバーサル・レスリング・フェデレーション」。一九八五年に活動休止した第一次と、一九八八年に旗揚げし一九九一年に解散した第二次の二期に分かれる。第二次解散後は、リングス、UWFインターナショナル、新UWF藤原組の三団体に分裂する。

＊10　プロレスラーの佐山聡（サミー・リー、タイガーマスク（初代）の名でも知られる）によって開設された格闘技団体、またその競技。「打投極」を理念とする総合格闘技。当初は「シューティング」という名称だったが、後に「修斗」と変える。中井祐樹をはじめ、朝日昇、佐藤ルミナ、桜井速人、宇野薫などが所属していた。

＊11　一九三〇年―二〇〇一年。オランダ領東インド（現在のインドネシア）に生まれる。オランダ系インドネシア人の武術家。シラットの伝説的な名人。インドネシアが独立後、オランダに移住。その後、アメリカに渡り武術を教える。

＊12　一八六〇年―一九三八年。摂津国（現在の兵庫県）に生まれる。柔道家、教育者。東京大学在学中に天神真楊流、起倒流など古流の柔術を学び講道館柔道を創始する。柔術だけではなく多くの古流を研究。教育者としては、スポーツ教育の発展や日本のオリンピック初参加に尽力するなど、明治から昭和にかけ日本でのスポーツ普及を推進。「日本の体育の父」とも呼ばれる。

＊13　アメリカの高校や大学で行われているアメリカンスタイルのレスリング。別名「カレッジスタイル」。
＊14　ロシア軍特殊部隊の将校であったミカエル・リャブコにより創設された格闘術。
＊15　一九八三年静岡県生まれ。総合格闘家、プロレスラー、柔術家。本文中の「相手の腕を折った時」とは二〇〇九年十二月三十一日に行われた「Dynamite!! ～勇気のチカラ 2009～」の廣田瑞人との試合でのこと。
＊16　柔術において重要な防御の技術のひとつ。下になった仰向けの選手が脚などで上の選手の胴や脚を絡めている状態。相手をコントロールしながら攻撃を防ぎ、反撃の機会を探るための多くの技術が含まれる。
＊17　相手をグラウンドに倒し、抑え込んでパンチを打ち続ける戦法。
＊18　一九〇四年―一九九七年。フィリピンに生まれる。フィリピンの伝統武術カリ（エスクリマ）の伝説的名人。
＊19　一九六二年アメリカ生まれ。ハワイ在住の武術家。ジークンドーと東南アジア武術の第一人者。他にムエタイ、クラブ・マガ、ブラジリアン柔術、南アフリカのズールー族の盾と棍棒、槍の技術などを修得。武術に関する著書を多数持つ。
＊20　一九九五年アメリカ生まれ。柔術家。ＩＢＪＪＦ（国際ブラジリアン柔術連盟）世界ノーギ選手権、エディーブラボーインビテーショナル四回制覇。

第二章　学ぶこと、教えること

光岡　中井先生が武道や格闘技と出会ったのはいつくらいなんですか？

中井　子供の頃のプロレスを通じてですね。僕は一九七〇年、北海道浜益《はまます》郡浜益《はまます》村（現・石狩市浜益区）という半農半漁の村に生まれました。もう本当に海と山と川と田畑しかない村です。生まれたときは人口六千人くらいはいましたが、村を出る頃には三千人くらいに減っていました。今は千数百人でしょうか。ちょうど後楽園ホールに入るくらいですね。そんな村だから武道や格闘技とはテレビのプロレスがせいぜいの接点でした。熱心なプロレスファンでしたね。

光岡　身体を動かすことは好きだったんですか？

中井　いや、全然ですね。泳ぐことはしてましたけど、地元民からすればダメです。内気だったわけじゃないんですけどインドアというか。なんせうちの家系は身体を動かすことは苦手です。

光岡　子供の頃は、新聞配達をされていたと聞きました。

中井　実家が新聞店なんです。僕が生まれる前まで商店だったのを畳《たた》んで、よそから新聞配達を引き継いだみたいです。親父は村役場に勤めていたんですけど、家全体はじいちゃんとばあちゃん中心に中井新聞店としてやっていました。

都会の札幌だと新聞の広告折り込みは午前三時くらいから始めるんですけど、村には新聞の配達が遅れてくるので、五時ぐらいに新聞が到着して作業が始まります。六時半くらいに配りに行くのを小学生の頃にアルバイトとしてやっていたんです。最初は親についていって「あそこの家に置いてきてくれ」と言われて、ダーっと走って。村なんで三十分とか四十分で済みました。

村役場があるんで、言ってみれば浜益郡の首都なんですよね。とはいえ歩いて行けるぐらいの範囲ですから大したことはないです。浜通りという海沿いが僕ら兄弟の管轄になっていて、兄が高校に行ったときにそこが僕の持ち場になりました。小学校から中学までだから九年ぐらいはやったことになるんじゃないでしょうか。

光岡　何人兄弟ですか？

中井　三人兄弟の真ん中です。男三人ですよ。なんせスポーツは得意じゃなかったですね。少年野球も四年生ぐらいの時に地元にできて、みんなが入るからという理由で入っただけだし、雨が降って練習が中止になったら喜んでいたくらいですから、うまくなりようがないです。いまだにフライが取れない。それでも六年生の最後の試合に出させてもらって、そしたらフライが飛んできたんです。取れちゃいましたね。練習で一回もできたことないのに。本番に強いのかもしれないです。

UWFの衝撃

光岡　その頃はまだプロレス熱は続いていたんですか？

中井　はい。うちは祖父母がプロレスとボクシングを見るのが好きで、親父は相撲派なんです。夕食は相撲を見ながら食べて、それでプロレスは全日本プロレスが中継される土曜二十時と新日本プロレスの金曜二十時は、祖父母の部屋で見ていました。

まあ親族の中で僕だけが見る側でなく、やる側に行っちゃうんですけど。基本的に突然変異なんです。運動神経もなにもないし。でも多分なんか一人でコツコツやるのは得意だったみたいですね。

光岡　狭い範囲とはいえ、雨の日も雪の日も新聞を地道に配っていたわけですからね。

見る側からやる側に移ったきっかけはなんだったんですか？

中井　それがアントニオ猪木さんなんですよ。プロレス雑誌の「月刊ゴング」の中の人生相談で、「プロレスラーになるにはアマレスや柔道をやった方がいいでしょうか？」という質問に、「いや、そんなことはない。野球やサッカーで球を追っかけるのもいいだろう」と猪木さんが答えているんです。猪木さんは武道とか格闘技の経験がなくプロレスラーになったからだと思うんですけど、猪木さんが「そんなことはない」と書いていたから、それでサッカー部に入りました。

　とはいえ、サッカーのルールがいまだにわからなくて、オフサイドとか覚えられない。だからあんまり好きではないんだと思います。「走り回るのと運動量が多いからいい」という猪木さんの発言を信じてやっていただけです。そういうふうに中学を過ごしていたらプロレス界に激震が起きたわけですね。

光岡　ＵＷＦ＊1ですね。

中井　はい。一九八四年だから私が中学二年のときに新日本プロレスから大量離脱がありました。ＵＷＦを中継するテレビは北海道にはなかったので、「週刊ゴング」だけが頼りです。それを見て「どうやらこっちのプロレスは本当で、これまでのプロレスは嘘だったな」と思うようになる写真が掲載されていたので、もうそれで完全に猪木憎しになっちゃった（笑）。

光岡　じゃあ全日に対しては？

中井　どちらかというと僕は全日が好きなんです。当時の北海道の田舎だと、日本テレビは鮮明に映るけどフジテレビとテレビ朝日がちょっと画面がざらつくんですよ。だから画像が良くなくて見るのが苦痛だったのと、新日は黒タイツの人ばっかり出るじゃないですか。あれがあんまり好きじゃない（笑）。あと、これを言うと信者が怒るでしょうけど、猪木さんが苦手なんです。というより、カリスマが苦手。ビートルズでもジョン・レノンが苦手だし、ビートたけしさんも苦手だ。苦手というか、自分がカリスマになれないってわかっているからなんか避けちゃうんですよ。極真空手の大山倍達総裁やカール・ゴッチさんにも会えなかった。僕はカリスマには会えない人生なんだと思っています。

光岡　おそらく職人タイプと縁がありますよね。以前、藤原喜明さん[*2]と中井先生が対談すると聞いた時、それはおもしろい話になるだろうなと思いました。技術者というか職人というか、本当にニッチな話ができる人の方がおもしろいです。

私の知っている刀鍛冶が山形にいて、その人は人間国宝に指定されるのを拒否しています。「人間国宝に選ばれている程度の奴らと同じにするな」というようなことを言っていて、たぶん困った人なんでしょう。だけど、そういう人の方が人間的にはおもしろいですね。藤原喜明さんにも同じ匂いを感じます。
その刀鍛冶は若い頃に焼き入れや鞘、目くぎ、研磨の職人を訪ね周り、〝これは〟と思える人に師事して、日本全国各地域をまわり、その地域に住んでいる職人に弟子入りしてひとつひとつ技術を身につけていったそうです。カリスマではない職人の方が私にはおもしろい。カリスマ性のある人はジャンルの表看板としては必要でも、技や術を兼ね備えている人は少ないと思います。

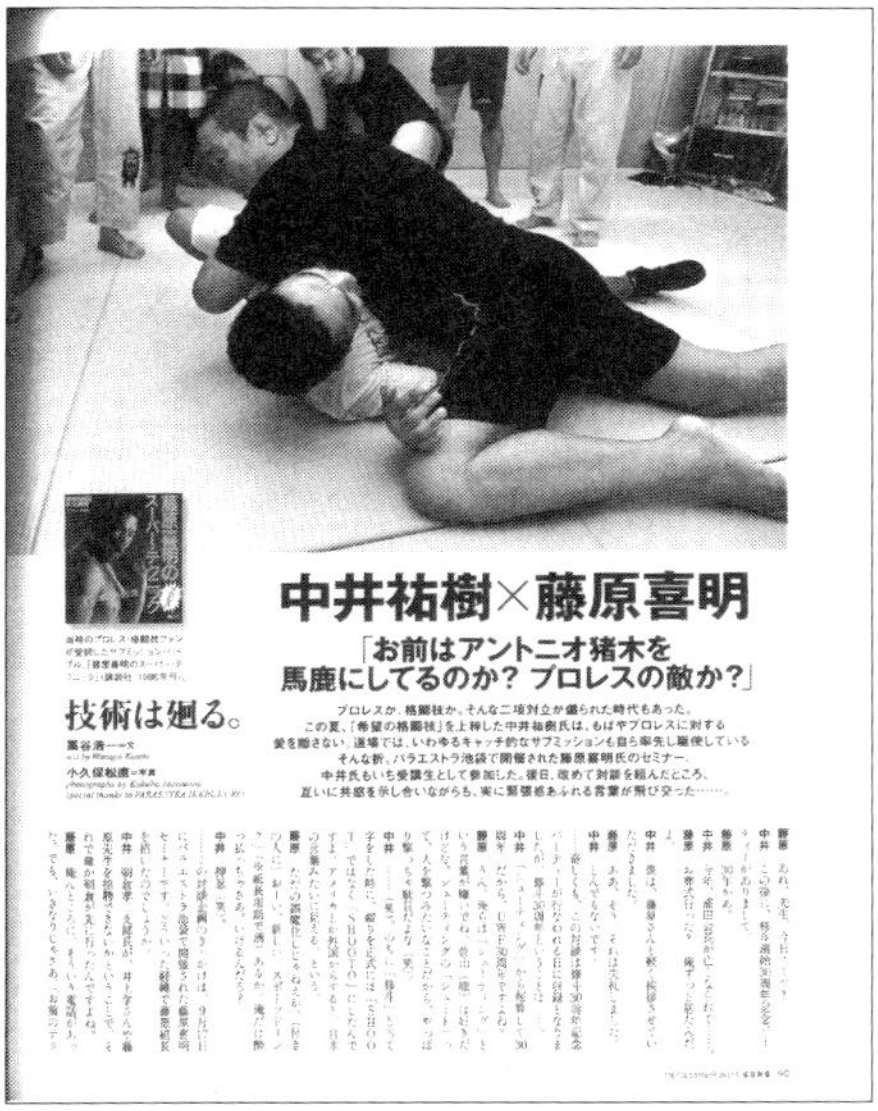
中井祐樹×藤原喜明

「お前はアントニオ猪木を馬鹿にしてるのか？ プロレスの敵か？」

技術は廻る。

プロレスか、格闘技か。そんな二項対立が煽られた時代もあった。この夏、『希望の格闘技』を上梓した中井祐樹氏は、もはやプロレスに対する愛を隠さない。道場では、いわゆるキャッチ的なサブミッションも自ら率先し駆使している。そんな折、パラエストラ池袋で開催された藤原喜明氏のセミナー。中井氏もいち受講生として参加した。後日、改めて対談を組んだところ、互いに共感を示し合いながらも、実に緊張感あふれる言葉が飛び交った……。

「ゴング格闘技」2014年12月号

中井　プロレスからUWF、シュート*3までの話は全部私の思い込みだったわけですけど、でも思い込みは激しい方が楽しいじゃないですか。本当のことを知った時のダメージもあるかもしれないけど。とにかく僕から見ると猪木さんのもとを離脱したＵＷＦの方が本物で、旧世代は「やっぱり嘘だったんだ」となった。と言っても写真しか見てないから、過剰な思い込みなんですけど。ともかく「東京で今こんなことが始まっているぞ」と思って、これに遅れちゃまずいということで学校にシューティングをやる場を作っちゃうんですよ。

優等生、シューティング部を作る

光岡 サッカーはやめたんですか。

中井 いえ、サッカー部員だし、あと生徒会長でもあったんです。

光岡 そうでしたか。学業もまじめにやっていたんですね。

中井 はい。勉強の人だったんです。こういうのもなんですけど、百点以外はあんまり取ったことがないような感じなんですよ。

光岡 私と真逆ですね。

中井 まあ勉強はしていたんですけど、ＵＷＦというかシューティングへの憧れが絶ち難くて、それでシューティング部を作ってしまった。

光岡　以前は修斗協会の会長を、そして現在は日本ブラジリアン柔術連盟の会長をされている。その頃から今に至る人生が始まっていた感じですね。

中井　そういう意味では、成長してないですね。ともかく、それでシューティングを始めたんですが、仲間内のプロレス信者からすごく怒られるんです。すぐ勝負が決まっちゃうから。すぐ終わっちゃうんですよ。

光岡　まあ、そうなりますよね。

中井　それで「中井祐樹　何分何秒」というふうに記録ノートにつけていたんです。そうなると十五秒で決まるんじゃなくて「二十五分五十八秒」とかにしたいわけですよ。だからなるべく極め逃しをして、時間を伸ばして「二十四分四十八秒　逆エビ固め　中井勝ち」とかシリーズ名をつけて全部ノートに書いていました。

光岡　技はどこで学んだんですか？

中井　テレビです。プロレスごっこ歴も長かったんで。それでなんかＵＷＦが見せ始めた三角絞めとかアキレス腱固めとか、目新しいものをおぼえてですね。「本当に戦うとこういう技になるんだな。そりゃスープレックスやドロップキックになるわけねえもんな」と思ったんです。とはいえ、やっぱり極め逃しをしないと二十四分の大熱戦にはならないから、そうしていたら実は本場のＵＷＦでも同じことやってたという

（笑）。

光岡　意外にも総合格闘技は東京より北海道の方がむしろ早く始めていたことになりますね（笑）。非公式ですが。

中井　その頃は真剣勝負だと思っていましたから。それでUWFには中学卒業でも入れると聞いたので、「高校には行かない」と言い出すんです。さすがに親と教師に「高校くらい行け」と説得されました。いろいろ妥協《だきょう》して、レスリング部がある高校に進学しようということで札幌北高校に進学するんです。でも入ってみたら激弱でした。

光岡　実際に始めたという意味では、アマレスが最初の格闘技との出会いなんですね。

中井　はい。実は中学二年の時に学校に柔道部ができたんです。でも、他の部に入っているから移れない。でも柔道やりたいしなと思って、そうこうするうちに柔道部の顧問の先生と揉めて、どういうわけだか異種格闘技戦をやることになりました。

光岡　ある種のプロレス対柔道の異種格闘技戦ですよね。

中井　まず私が右のローキックで蹴ったんです。そしたら先生が「マジか？」って顔をした後に「この野郎」ってなって。その先生、国士舘大学の柔道部のOBなんですよ。強いに決まってるじゃないですか。最後は腕がらみを極められて。でもギブアップしなくて、離されて終わったんです。

光岡　まるでエリオ・グレイシー[*4]ですね。

中井　まあ、大人が子供の腕を折るわけにはいかないじゃないですか。今思うと先生に申し訳ない気持ちです。その前にも事件がありまして、シューティング部の仲間がボールを蹴ったら、他の人の顔に当たって病院に行くことになって、それがシューティングのせいだということになりまして。先生にシューティングをやめろと言われました。我々の革命的ムーブメントも解散させられ、おまけに高校も行けって言われちゃうし。人生で最初の敗北感を味わいました。その後はさっきのような顚末《てんまつ》で受験して高校生になったというわけです。

自分で考えるスタイルの原点

中井　当時の札幌のレスリング部事情は、札幌第一高校と北海高校というふたつの高校がダントツで強くて、そのはるか下の三番目に札幌北高校がいました。僕はプロレスごっこ歴が長いので、最初はめちゃくちゃ強かった。札幌第一高校と北海高校にも勝つんですけど、やっぱり練習内容が根本的に違うからだんだん負けるようになってしまい、これはもうオリンピックどころかプロとか絶対無理じゃんと思って。それで普通の高校生になってしまいました。

光岡　勉強の方に向かうわけですか。

中井　周りの雰囲気も「頑張って北大行くぞ」みたいな感じで、僕もそういう風になってしまって。ただ、その一方で一年生の夏に三年生が引退したら、二年生の先輩たちも勉強が忙しいということで辞めてしまい、僕が主将になってしまった。

　同期が弱すぎるんで僕対全員という形式で練習を始めました。今と一緒です。レスリング部の顧問は柔道部との兼任で、柔道しかわからない。「行け！」と「ネルソン！」しか言わない。だから自分で本を読んで練習メニュー考えて、僕だけ本数を多くして、とにかくみんなを底上げさせるにどうしたらいいかを考えていました。

光岡　みんな自分で考えて、自分のスタイルを作り出すという今のやり方は、ご自身の経験からのことなんですね。

中井　僕は基本を先生から叩き込まれた経験がないんです。それに「やれ」と言われて嫌だったこともないんです。全部自力と自分の意志でやったと思っていて。なので、やらされたことがないものだから人にやらせないんですよ。師匠としてはダメなんだと思っています。やる気にさせるとか燃え上がらせることをしないんで。

光岡　中学、高校を通して、私も少しは「強くなるためには教えられたことを我慢してやらないといけないんじゃないか」という考えはありましたが、やはり最終的には自分の意志でやらないとどうにもならないことが途中からハッキリしてきました。

中井　気がつくと「なんで僕だけ残っているんだろう。まあいいや楽しいから」という感じでできたんでしょうね。基本的に「僕でもできたんだから、みんなできるよ」と思っているところがあって。楽しんでくれたらいいというのがあるんです。

結局、レスリングは札幌の大会で優勝したぐらい。全道とかはもう全然かなわない。でもそういった自分で考えてメニューを作ったりしたのは、今に生きているわけで、だから無駄ではなかったなとは思います。そういえば、アメリカで働いている北高のOBがいて、夏休みに訪ねてきてくれて、アメリカのカレッジスタイル[*5]を教えてくれたことがあります。

光岡　いわゆるフォークスタイルですね。

中井　レスリング部は一般のルールなんですけど、フォークスタイルの考えが入ると全然違う。こっちの方がもしかしたらおもしろいかもと思いました。それが後に柔術と融合したり、キャッチ系の人とも合うんですよ。

光岡　ＵＦＣ（アルティメット・ファイティング・チャンピオンシップ）にぴったりで

すね。生物もある環境に適応すると強いわけですけど、少しでも環境が変わったらその能力が通じなくなるじゃないですか。

以前、横綱の白鵬《はくほう》がモンゴルに帰り、モンゴル相撲をしている映像を見ました。モンゴル相撲のルールでは負けていましたね。印象的だったのは日本の相撲の「送り出し」が咄嗟に出ていたのです。モンゴル相撲では土俵がないので送り出してもなんにもなりません。モンゴル相撲の場合は、背中か尻か手足が地面に着かないと負けになりませんから、土俵から相手を押し出す技術はすべて無効になります。

横綱になるくらい日本の相撲が身についていた白鵬にとっては勝つのは難しかったのだと思います。ただ、最後の方は少しモンゴル相撲に順応してきて、中堅クラスの力士には勝っていました。そこは、さすがでしたね。そう考えると中井先生がレスリングで全国トップクラスになっていたら、もしかしたらそこで変化が止まったかもしれないと思うんですよ。

北大柔道部からシューティングへ

光岡　その後は、まじめに勉強して北海道大学へ進学されたわけですね。柔道部に入られましたが、レスリング部にしなかったのは？

中井　北大にレスリング部がなかったんですよ。だから大学の近くに極真空手があると知って、「もう組み技はいいから次は空手をやろう」と思ったんです。そうしたら柔道部の先輩の増田《ますだ》俊也《としなり》さん*6の勧誘の檄文《げきぶん》を読んでしまった。「白帯で始めたものが三段四段の腕を折り、寝技で逃げ回るのを破るのは痛快である」。こんなことを書かれたらちょっと見に行こうかなと思いますよね。主将の写真もチャラ男のように見えたし、どうせ弱いだろうと思ったら超強かったです。体験入部のときに増田先輩がわざとグラウンドレスリングばっかりやらせたらしいんです。そうしたら「なんだこれ、ＵＷＦみたいじゃん！」と思ってしまい、入部することを決めました。

光岡　いちばんの決め手は何だったんですか？

中井　仕留める柔道だったのが大きいです。高専柔道*7の流れを汲む柔道で、七大学戦を目標としていたので、柔道というといわゆる立った状態で投げを競うイメージが一般的に強いと思うんですけど、そういう「国際ルールで勝つ人もいますけど」みたいな感じでした。

光岡　なるほど。高専柔道だったのが良かったんですね。それはわかります。私が中学生のころ関節技と絞め技ばかり練習したことともつながります。ちなみに高専柔道の勝ち方はどうやって決めるんですか？

中井　投げの一本と押さえ込みの一本ですね。関節と絞め技ももちろん。ルールは一応柔道で、寝技には基本的に「待て」はかからない。一般の柔道だと寝技で止まったりしたら待てがかかりますが、それがない。

光岡　最初から引き込んで寝技にもっていけるわけですね。

中井　はい。戦前のルールを踏襲《とうしゅう》してやっていて、これはもう自分のための柔道だと思いました。旧高専時代の北大予科（現・北海道大学）は戦前、全国優勝しているし、日本一強かった時があるわけです。その末裔《まつえい》だったというのも非常にワクワクしました。

光岡　中井先生の代で優勝するんですよね。

中井　七大学戦は僕が四年生の時、一九九二年に優勝しました。十二年ぶりです。

光岡　成果を出されて、卒業を待つことなく退学されますよね。一九九二年ですか。私はその頃は既にハワイに行っていました。

中井　法学部で二年生の時に留年したんです。勉学では行き詰まっていました。自分はあんまり物事の本質を考えていなくて、単にマークシートを塗るのが上手《うま》かっただけなんだなと気づいたんです。論文を書くテストではまるで書けなくて、「これはもうダメだ」と思って。その日は教室を出た後は泣きながら走って帰りました。

光岡　でも、そうして気づくというのは本当の意味での〝思考力がある人〟の証《あかし》だと思いますよ。

中井　どうでしょうね。当時の僕は「大学はちゃんと勉強したい人が来るところであって、ここに自分はいちゃいけない」と思いました。でも柔道はおもしろいから、しばらくそれはやらせてもらおう。そうやって柔道に没頭してたので気づかなかったんですけど、プロシューティングが一九八九年に旗揚をしていたんです。

ＵＷＦを抜けた後の佐山聡さん[*8]は「シューティングをアマチュアスポーツにする」と言っていたんで、それなら自分には関係ないかなと思っていたところにプロ化と聞いたものだから、就職先としていいなと。学問に挫折したので、大学は四年の七大学戦までと決めていました。優勝したのでやめようとしたら、法学部の教官に一度は説得されました。形式としてだけです。「まあ、あなたみたいな人に何を言っても無駄だと思うんだけど」と言われて、その通りでした。シューティングへの夢が絶ち難く退学したっていう、一応これが表のストーリーになっています。

見えない将来

光岡　上京してすぐにスーパータイガージム[*9]へ？

中井　北大時代に東京に遠征合宿で行っていて、その帰りにスーパータイガージムの見学をしていました。一応下準備はしているんですよ。

光岡　それまでタイガーマスクに持っていた印象はどんなものでしたか？

中井　思い入れはほぼないですね。

光岡　どちらかといえばタイガーマスクはカリスマ中のカリスマですもんね（笑）。

中井　佐山先生は好きだけどタイガーマスクは嫌いでした（笑）。

光岡　プロになろうと思って意気込んできたわけですよね。シューティングは自分の想像していたものと違いました？

中井　基本的には「あちゃー」って感じでしたね。まず選手がプロシューティングでは生活がまったくできていなかった。チャンピオンが「今日、営業に行ってさ」とか話していて。「え、仕事してんですか？」ってびっくりした。そんなことも知らないで行ったんです。

光岡　プロと聞くと、プロ野球やプロボクシングを想像しますよね。

中井　当時の記憶を思い出すと、横浜のジムの近くに公園があって、ホームレスがたくさんいて、自分もこうなるのかなと思ったりしていました。

とりあえず夕方からジムが開くはずだからと訪ねたら、佐山先生がいて、「えー、本当に来ちゃったの」と言われました。来たんだから仕方ないということで、仕事も住む場所も紹介してくれることになりました。しばらくはジムで寝泊まりしていいからと言われて、ミットを枕に寝たりの生活をしていました。それから神奈川生花市場《せいかいちば》の関係者が佐山さんの支援者で、そこの買い付けする場所に宿直室《しゅくちょくしつ》みたいなところがあって、そこに二年間住みました。ここで芽が出なかったらどうなるんだろうと、ちょっと思っていましたね。

光岡　それは将来が見えなかったわけですから。

中井　観客は閑古鳥《かんこどり》だし。真剣勝負がつまらないという風潮になってきて。そしたら新生UWFが出てきたりといろいろありましたね。

光岡　佐山さんの直接の指導というのはどんな感じだったんですか？

中井　打撃の精度を上げる内容が多かったです。ミドルキックを打たせて「ここが違う」とミリ単位で直してくれました。だからすごく長くなるんです。一時間ぐらいミット蹴りしたんじゃないかな。微細に直して「今の良かった」と言われるんですけど、「良かった」と「ダメ」の違いがわからないんです。

光岡　佐山先生のそういう指導の仕方は、たぶん目白ジム*10の影響があったんじゃないですか？

中井　そうでしょうね。それで、みんなでグラップリング、いわゆる寝技乱取りみたいなものをやってる最中に佐山先生が来ると空気が一変して、全部ミット練習にさせられちゃうんです。佐山先生は人が集まれば、グラップリングをしだすっていうことを知ってるんですよね。だから打撃はちゃんと教えないといけない。勝手な練習だと強くならないっていうのを経験的に知っていたんでしょう。乱暴な言い方をすれば、寝技は練習量を積めば良くなるんだからいつでもできる。その後もプロの合同練習をやったら、やっぱり八割ぐらい組み技になるんですよね。

光岡　佐山先生は寝業は得意な方なんですか？

中井　うーん、何ともうかがいしれないところがあります。佐山先生もレスリングと柔道の出身なんで、組み技をしっかりしていないとダメだというのはあったと思います。

「打撃で倒せる人間の方が結局はマネーが稼げる」みたいな言い方が一般的にありま

すよね。組み技系の選手は試合がおもしろくないから首も切られがちだし。それに近い考えはあったんだと思います。だから僕は褒められたことはないです。打撃は畑違いだったですしね。打撃のセンスのいい同期はたくさんいて、「すごい最高！」と言われていました。僕は「最高」なんて言われたことないですよ。朝日昇さん[*11]も褒められたことはないと言っていたんで。多分似たようなタイプなんでしょうね。

組み技時代の到来

光岡　それがグレイシー柔術の到来と共に一変して、才能が花開くわけですよね。日本の武道界や格闘技界が打撃に対する信仰が高かった時期ってありますよね。一撃必殺とか。極真空手の影響もあったでしょうし。

中井　当たったら倒れることへの期待というか幻想みたいなものが、グレイシー柔術がやって来るまではあったと思うんですよね。グレイシー柔術が脚光を浴びるまでは組み技は日陰の存在だったと思います。

　そういえばシューティングを始めて間もない頃に、いきなり佐山先生が「グレイシー柔術ってあるんだけどさ」と言ったのを思い出しました。僕には「腕ひしぎ柔術」

と聞こえて「あれ？　先生、呂律《ろれつ》が回ってないな」と思ったくらい。とにかく「打撃はド下手だけど組み技は超強いから。いつかやるかもね」と言われたんですよ。おそらく「Gracie In Action」とかグレイシー柔術の他流試合を収めたビデオを見たんでしょう。

光岡　ああ、あれですね。

中井　格闘技オタクたちが見る会に佐山先生や夢枕獏《ゆめまくらばく》先生[*12]とかが参加して見たんだと思うんですよ。それで品評会みたいなことをきっとやったんだと思うんですよ。

光岡　シューティングの初期のメンバーで中村頼永[*13]さんがいらっしゃいますが、中村さんがダン・イノサント[*14]のところに行って、シューティングをイノサントアカデミーで紹介して、「こんなすごい技術があるんだ」となった経緯があり、その頃、イノサント・アカデミーの師範代的立場だったバートン・リチャードソン[*15]がヒーガン・マチャド[*16]やグレイシーの人たちと一緒に練習していて、そのような経緯からグレイシーやマチャドと関わりもあった。そういう流れがあってのグレイシーの日本到来ですよね。

中井　中村さんの流れから「ヒクソンが試合をしたがっていて、シューティンググローブをつける方がいいと言っている」と聞いて、日本で新しいイベントをやるから、そのスーパーバイザー的な関わりをシューティングが行うことになったんです。シューティングの試合とはいえないけど、バーリ・トゥードを紹介する。そこにシューティングも出ていけばいいという目論見です。「シューティンググローブをつける方がいい」という発言は、素手で戦うことはバイオレンスに見えてしまいやすいとヒクソンは考えていたからのようです。グローブをつけての試合の方が現代的で見栄えが良いと思っていたのでしょう。

光岡 それがバーリ・トゥード・ジャパン・オープンで初回は一九九四年でしたね。

中井 一回目は僕は出れなかったです。

光岡 たしか、出場したのは川口（健次）選手と草柳（和宏）選手でしたか。

中井 はい。二人がヒクソンとも当たることなく惨敗し、そしてヒクソンが圧勝して優勝し、グレイシーの名声が一気に高まりました。翌年の一九九五年の時にはもう僕しかいないだろうという空気になっていました。出場選手の中で最軽量ですけど。

光岡 ヒクソンはすごい実力があるのは確かです。その一方で実力とは関係ない幻想も持たれている人でもありますよね。とはいえ、中井先生も「ベストコンディションでもあの時の自分の技術では厳しかった」と以前、おっしゃっていましたよね。

死闘の背景

中井　うん。そうですね。一回戦のジェラルド・ゴルドーとは、すぐ勝てると思ったんですけど三十分以上かかってしまいました。なんせロープを摑んでいいというルールにしてしまっていたので。多分ヒクソンも油断して「ロープくらいいいよ」と言ったんでしょう。それで僕もヒクソンもテイクダウンに苦労してしまった。僕は目に攻撃を受けて目が見えなくなり。失明したのは後日わかったことで、試合の最中はわからなかったんですけど。

光岡　でも、もう途中から見えてないですよね。

中井　えぐられていたんですが、そのうえに見えないところを殴られて、腫れているから見えにくいと思っていたんですよ。

光岡　ゴルドーは身長二メートル近くありますし、二回戦のクレイグ・ピットマンはさらに大きい選手でしたよね。

中井　当時、ピットマンはプロレスラーでしたが、その前はアマレスの世界選手権に出場した全米チャンピオンでオリンピック代表でもありました。

光岡　たしか、グレコローマン・スタイルのアメリカ代表選手ですよね。

中井　全盛期のアレクサンダー・カレリン[*17]と試合してますね。カレリンにはめちゃくちゃやられてますけど。

光岡　しかし、クレイグ・ピットマンは下手すると全盛期のカレリンにしか負けてないくらい強い選手でしたよ。たしか一九八二年あたりから世界選手権を何度か優勝していて、アメリカでは当時ヘビー級の選手として最強だったんじゃないでしょうか。あと、彼は軍隊でボクシングもやっていて、結構相手をＫＯしていたそうです。

中井　でかいしレスリングも強い人なんで二時間ぐらいかかるかなと思って。まあいいや二時間ぐらいかけてやるかって。

光岡　中井先生よりも若い世代の総合格闘家のわりと荒くれの選手が同世代同士の対談の中で「中井さんの時代の試合信じられませんよ。体重差あったり、目をえぐられるとかって」と発言していました。けっこうケンカ・スタイルで売り出しているのに「あんなの体重違うでしょ」と。「階級別がないんだよ、ガチで」と驚いています。だから中井先生に対する総合格闘技界での潜在的なリスペクトは凄いですよ。そのあたりにも中井先生の武道家らしさを感じます。

中井　ピットマンは腕ひしぎをかけている最中に「ギャ！」って叫んだから。それで見込み一本で勝ちました。決勝まで行ってヒクソンと対戦が決まった時は、僕はもうボロボロでしたがヒクソンの顔は綺麗でしたね。「ヒクソンまでは行くよ」と周囲に言っていたんで、その通りになったわけです。僕は柔道とかで実力が上の人と引き分けることはできるという世界で長くやってました。それがちょっと裏目に出たというか。身に染み込みすぎていたのかもしれません。その日はヒクソンまで行ければ良かったんでしょう、きっと。

光岡　そうかもしれませんが、ヒクソンが日本で試合した中で一番組み技の勝負がちゃんと成り立っていたと思います。マウントを取られるのを何回か防いだりされていました。申し訳ないけど、ヒクソンと後に戦ったプロレスラーの方たちは、そういう意味で厳しかったですよね。

中井　今思うと、本当に情けない結果ではあるんですよ。あの日の試合について、いまだに年がら年中言われるんで、本当にありがとうございますっていう感じではあるのですが。

「ゴルドーはひどい奴だ」と言う人もいます。ただ、僕は目突きを想定してなかったのもあるし、三回突かれたら反則勝ちするので、「だったら楽に勝てるな」と思っていたところもある。スポーツの感覚だったんですよね。反則されたら勝ちになるし、勝手に自滅してくれりゃいいやと。要するにルールに甘えていたわけです。冷静に考えてみれば、「目を突かれるのくらい防げなかったのか」と自分に言いたくもありますよ。

負けると思っていない、勝つと思うからやった

光岡　二〇二四年のパリオリンピックで日本人の柔道の選手が審判から「待て」がかかっていたのに、相手が絞め技をほどかず、絞め落とされて負けたという試合がありましたよね。抗議したけれど覆《くつがえ》ることはありませんでした。その顚末を見て思うのですが、柔道家あるいは武道家として試合の場に立つことと、競技の中のルールにのっとって試合することとは別のことです。競技として考えたら確かに抗議すべきです。だけど個人の武道家として省《かえり》みると、絞め落とされた事実があるのに、「相手がルールを破ったから落とされたんだ」というのはどうなのか。私は個人的にはそういうことは言いたくない。自分が落とされないようにしたら良かっただけのことで、それができなかったから落とされたまでのことです。

私は競技者ではないので彼らにそういうことは言えません。ただ、今の話を聞いて

いて、「反則で目をえぐられて失明しても、それは自分が防げなかっただけ」と言いきれる中井先生も同じような気持ちなのかなと思うんです。そこに武道家、中井祐樹という人のあり方をすごく感じます。

中井　やっぱり当時イライラしていたんですよね。シューティングに注目が全然集まらない状況でしたし。イライラしていると事故は起きますね。もちろん怒りがモチベーションになることもあるんですけど、ハピネスよりアンガーが強いときは、やはり身体が壊れます。

光岡　怒りをちゃんと自分で制御しながら、そのエネルギーを上手く技術とか、打ち込む力とかに転換し方向性を与えないと結局は怪我しますから。そういう気持ちの持って行き方もひとつの技術ですよね。

中井　怒って試合をしたらダメということではなくて、怒って試合しても勝つ人は勝つ。そういう試合もあるんだと思います。でもやっぱりこう、余計な感情が入ってると力《りき》みが出てくるし、どこかに無理が生じて自然じゃない動きになると思います。

光岡　いろいろ当時のご自身に言い聞かせたいことがあるとはいえ、あの体格差でやる選手は今なら日本の総合でもアメリカの総合でもいないでしょう。当時と今ではどの階級も技術力がまったく違いますが、誰かＭＭＡ（総合格闘技）のウエルター級でスーパーヘビー級のレスリングのアメリカ代表クラスの選手でボクシングもできる人とやりますか？　となったら、誰も手を挙げないと思いますよ。

中井　まあ、負けると思っていない、勝つと思うからやったんですよね。その当時はヘビー級といったって「技がねぇんだから。俺の方が強い」という気概があって出てるわけです。技があれば勝てる。それをわかってもらうためにというのと、軽量級にちゃんと光が当たるようになってもらえたらいいな。そう思って出場したという気持ちもありますから。

当時の試合はほとんど見返すこともないけど、イベントで大スクリーンで上映するようなことがあると見ざるを得ないじゃないですか。あんまり良い試合じゃないです。ただ技術的にはそんなに悪くない。甘いところがあるにしても、ピットマンとの試合もそんなに悪くないです。

光岡　いずれにしても一九九五年は中井祐樹個人としても大きな分岐点になりましたね。翌年に日本総合軽量級最後の砦といわれた朝日昇さんがホイラー・グレイシーに負けた。そこからどういう経緯でブラジリアン柔術にシフトしたんですか？

中井　試合後、目の治療もしたけれど、見えるようにはならなかった。それで今後どうするとなった時に、ビジネスマンになってプロモートをやるしかないと思ったんです。それからは興行《こうぎょう》のシステムを勉強したりして、プロデューサーをやっていた時期があるんです。

　ホイラーが朝日選手を倒した大会も、僕のプロデュースなんです。そのときのモチベーションは、ブラジリアン柔術の打倒といいますか。もともと僕は柔道をやっていたし、柔術家に柔道で勝つ。そういう方向で挑《いど》んでいけば、僕の実力がブラジリアン柔術に対して示せれば、僕と練習する人はきっと強くなって日本のレベルが上がるに違いない。まあ二十代ならではの若々しい発想ですね。

　あくまで自分は柔術家になるわけではなく、修斗の選手が柔術ルールに挑むのだ。その試みがどこまで通じるのかという感じでした。とりあえず一九九六年秋から柔術コンペティションに参加しました。ホノルル・グレイシー・オープンが最初の試合ですね。白帯で出ようとしたんです。そうしたら主催者に「青帯じゃないとダメだ」と言われました。それで五試合くらい勝って優勝して。ヘウソンに「次は紫帯で出場しろ」と言われました。

ブラジリアン柔術への挑戦

中井　翌春にパンアメリカン大会がハワイで開催されて、主管はヘウソン・グレイシーでした。そこでも優勝したので、次はアメリカ本土を経験しておこうと思って、一九九七年六月のカリフォルニア州の大会に紫帯で出ました。そこでも優勝してリオデジャネイロでの世界選手権に乗り込むんです。

ところがそこでルールの誤用やら誤解もあり準々決勝で初の敗北。その後十月のブラジル選手権では銅メダルを獲得して翌九八年は茶帯に認められパンアメリカンは優勝するもブラジル選手権では敗退。

そして九九年マイアミでのパンアメリカンに出場します。けれども明らかに勝っている試合を負けにされての三位でした。スイープ[*18]してポイントを取ったはずなのに、それをシラーっと見逃された。その審判は前の試合で僕に負けた人だった。

光岡　一九九〇年代のブラジルの国内大会の映像だったでしょうか。それを初めて見た時に驚いたのが、選手が懸命に試合をしている最中に、それを判定する審判が他のコートの試合をずっと見ている。ブラジリアン柔術の審判ってこんなふうにやっているんだと思いました（笑）。

中井　立っていると疲れるから座って見ていたりしますよね。それにしても、よそのコートを見る人があんなにいる試合なんて見たことないですよ。審判が気になる有名選手の試合を見て、自分たちの審判はほったらかし。

ともかく不可解なジャッジがたくさんあったんですよ。こんなのが認められるなら、やめてしまおうかと思いましたけど、どんな状況であれ勝つやつは勝ちますからね。そう思いなおして続けることにしました。

光岡　その頃の練習はどこでやっていたんですか？

中井　主に日本で、遠征したときだけブラジルです。普通はいろいろな道場をまわるって、やっぱり失礼なことなんですよね。だけど、その時はブラジルの雑誌がついていて、僕をいろいろなところで練習させて、それを写真に収めて日本の雑誌に売り込むという企画があったんです。そのおかげもあって、出稽古先の道場では、まあまあ上位の選手とも結構やれました。その中で「大丈夫だろう」という手応えはありました。だけど現実は結果が出なくてベスト8でした。

光岡　出稽古での手応えについて、もうちょっと詳しく聞かせてください。

中井　たとえば「ここの道場の茶帯のトップだ」と言われた人とやってもほぼ互角で

した。黒帯とは七、八分まではなんですけど最後は取られて、やっぱり強いなとは思いました。試合に向けて体重を減らさないといけないので、減量のためのもう一絞りの練習で別の道場に行ったら、そこに後の世界チャンピオンがいて、その人にはめちゃくちゃやられました。

まあ最初からフラフラの状態でしたから、黒帯以外にも青帯のおじさんにもボコボコにされました。そのおじさんに「試合出ないの？」と聞いたら「いや俺は趣味でやっているから試合なんか考えてないんだよ」と言っていて、やっぱりブラジルのすごさだなと思いました。僕が弱っているのもあるんですけど、やっぱり層が厚い。これはなんなのかなと思いましたね。日本だとオドオドした初心者とか絶対いるのに、なぜかそういう感じの人がいない。

光岡　ブラジルだとバーリ・トゥードがテレビで放送されているから、日本でいうと野球を見て育った感じでしょうね。だから素人でもサイドポジションだのガードポジション[*19]だの一通りのことはわかっている。そういう文化的な下地があるから強いですよね。

中井　そこで仮説を立てたんです。子供の頃からやっているから強いのと、友達をすぐ連れてくる。「アミーゴ」とすぐ言うし、そうなると慣れ慣れしくなるじゃないですか。その方が強くなるんですよ。そうしてコミュニティに溶け込むのが早いから強くなるという仮説を立てました。

ブラジルがどうして柔術の強い国になったのか。それに勝つにはどうしたらいいのか。それらについて考えたものを自分の道場に取り入れたところがあります。ブラジルを完全にパクることはしなかったんですよ。あれはブラジルの風土に合っているものだから、日本の風土に合わせることを考えました。

柔術をやっている人は、ブラジル大好きで、ブラジル風の道場を作りがちなんです。だけど僕はそれだと奴らに勝てないと思う。よく言われたんですよ。「中井さん、ブラジルに絶対住んだ方がいいですよ。ブラジル最高ですよ」と。いやそれは君たちがやってくれ。僕は行かないから。ブラジルを超えるものを作るために絶対に彼らの方にはいかない。

藤原敏男さん[*20]のことが頭にあったんですよ。藤原さんもタイ語を覚えないし、空港に着いたら周りは敵だらけだと思っていたみたいです。大宮にいた頃、藤原さんが佐山先生と酔っ払ってよく来ていまして、藤原さんとスパーリングをしたことあるんですよ。それを言うとキックボクサーの人にすごい羨ましがられるんですよ。あの「藤原ステップ」を目の前でやってもらったんだって。軽くなんですけど、僕がタックルに入ってもパッと止められました。マジで入れなかったです。

光岡　黒崎健時さんの目白ジムでの指導では、総合みたいな練習もさせられていたらしいですね。

中井　藤原さん、だいたいは酔っ払っていましたね（笑）。酔っ払って「中井ちゃん、目が見えないんだから試合しちゃダメだぞ。お前だけの体じゃねえんだからな」と言われて。じつは隠して試合をしようと思っていたんだけど、そう言われて、どうしたもんかなって思うことはありましたね。まあ余談ですけど。

ともかく僕は藤原さんの感覚と近くて、ブラジルと戦いに来ているんだって。友達になりに来ているわけじゃないっていうのはありました。今の皆さんの感覚とそこは違いますよね。

光岡　中井先生の場合は、明らかに敵陣に乗り込んでいる感覚でやっているわけですからね。

中井　僕はキックボクシングについて詳しくは知らないですけど、わりとタイかぶれになる人が多くて、ムエタイのスタイルが最高だとなりがちな印象です。ブラジリアン柔術もちょっと似たところがあって、以前はブラジルへの憧れですけど、今はトップ選手の真似をして、その人の出す教則本をたくさん買って、いいお客さんになるんですよ。それは素敵なことだし、彼らが幸せならまったく異存はないです。だけど、僕は「勝つ方法を考えよう」と思っているんです。

ぶっちゃけ僕の系統の人しかほとんど世界大会で勝てないと思います。だってファンだったら勝ちようがないですよ。それに気づいてもいないですからね。そういう態度を直そうともしていないです。それはそれはでいいんですよ。幸せなんだし、それでいいんです。ただ繰り返しますが、僕は勝ちたいと思ったところから始めているので、そこが違いますね。

光岡　勝つ方法についてのお話で思い出したのですが、以前、パラエストラ東京にうかがった際、佐々幸範《ささゆきのり》選手[*21]と湯浅麗歌子《ゆあさりかこ》選手[*22]が練習されていました。いわゆる「打ち込み」というのでしょうか。二人が延々と九行程《こうてい》くらいの攻防の打ち込みをやっていました。

要するに「カウンターに対するカウンターのカウンター」という内容の打ち込みをそれこそ二時間ぐらいずっと繰り返していました。あれを見て、「これがジャパニーズスタイルなんだな。ブラジル人もアメリカ人もたぶんやらないな」と思ったんですよ。中井先生の道場には、ちゃんと中井スタイルがありますよね。それが勝つ方法になっている。

中井　彼らが自分で見つけたものですから。僕が一から十まで仕込んだわけじゃないです。

光岡　自分なりに考えてやっていくところも含めて、中井スタイルだと思います。

中井　佐々は世界柔術選手権で表彰台に上った日本人の一人でしかないといえば、そうなんですけど、それでも佐々とあとは吉岡大《よしおかだい》*23という選手はブラジル人が本気になって「こいつは倒さなきゃ」と思った二人でしたね。

光岡先生がご覧になった練習は普通の人にはさせられないですよ。時にはもう目を覆《おお》いたくなるような練習もあって、「もうやめなよ」というくらいではあったんです。だけど柔道やレスリングのチャンピオンになるような人はやっている練習じゃないでしょうか。それを考えるとブラジリアン柔術、ＭＭＡ界は甘いという一言にはなっちゃうんですよね。

選手から指導者へ

光岡　話を戻しますが、茶帯から後はどういう経過で黒帯になったんですか？

中井　口頭で「次は◯帯で」と言われてはいましたけど、試合に出るたびに一応は確認するんです。当時はファックスで「前は青帯だけど、今回はどうすればいい？」というふうに尋ねたら「今回は紫で」という返事をもらう。そういう感じで「茶帯で優勝一回、三位一回だけどどうする」と聞いたことがあって、そしたら「黒帯でいい」と。

僕はブラジリアン柔術の帯のランクを誰からもただの一度も習って貰ったことがないので、帯の発行者の名前を書く時にフェデレーション（国際ブラジリアン柔術連盟）と書けないから、青と紫はヘウソン・グレイシー、茶と黒はカーロス・グレイシーJrになった。見事にエリオ派とカーロス派に認められたことになっていて、まあ見方によっては完全にグレイシーに取り込まれてることにはなりますけど（笑）。

光岡　独学だけで黒帯を取ったわけですよね。技術とルールの改変が相当あった中で、しかも勝つ方法が明確になかった頃ですからすごいことです。

中井　こんなもんだろうとは思っているんです。色帯まではわりとスムーズにいけたんですけど、世界タイトルをとっているわけじゃないし、ブラジル選手権で三位になっただけで、ビッグタイトルをとってはいない。だから僕は黒帯で挫折したことになるんです。

二〇〇六年の世界柔術選手権に出場した際、一回戦で負けました。限界説も雑誌に書かれたりして。だけど、その大会で僕の後輩の吉岡大が黒帯として三位に入賞した。それがもう泣けて泣けて。この時を待ってたんだなと思いました。

それで二〇〇六年から基本的に第一線を降りたんです。もう今後話すことも多分ないなと思って、「ゴング格闘技」でラストインタビューをやったことがあるんですけど。[*24] 全然ラストになってないですけどね（笑）。

光岡 選手から指導者になったことで見えてきたものも違ってくるでしょうから、そうなると話すことも新たに出てきたでしょう。

中井 そうですね。柔術とＭＭＡとの関係性とか社会との関係性とか、そのあたりの取り組みが急速に始まったのが三十代後半からの指導者時代です。そこからの方がいろいろなことがあったような感じです。

黒帯になってからの最初の大会である一九九九年の世界選手権で、フェデレーションから「日本ブラジリアン柔術連盟の二代目会長をやってくれ」と言われたんです。

光岡 そういう経緯があったんですね。

中井 「ちょっと待って。僕は挑戦しに来ているだけだし、オリジナルをやっているだけ。だからブラジリアン柔術でさえないから人に教えられないし、帯の出し方もわからないよ」と言ったんですよ。でも「考えてくれ」と言われた。だから会長のカーロス・グレイシーJrに「たとえばシューティングやレスリングの技だけ使ってブラジリアン柔術のルールで黒帯に勝ったら黒帯に相当するのか？」と聞いたら、「黒帯だ」と。ブラジリアン柔術のマットの上で行われるのであればそれはブラジリアン柔術だと。なんか聞いたことあるセリフだなって。

佐山先生は「修斗のルールで戦えばみんなシューターだ。合気道だろうがキックボクシングだろうが、それこそ茶道《さどう》をやってようが、修斗の試合に出場したら修斗の選手だ」と言ったんです。

「GONKAKU」2007年6月号

佐山先生は、自前のジムだけで選手を作るのは難しいと気付いたんだと思います。その発想で僕は佐山先生が抜けた後も全国で格闘技をサークルでやっている人たちに連絡をとって「修斗のチームになりませんか」と持ちかけたんです。そうして全国に総合格闘技愛好者マップができて、それを修斗協会の公認サークルにした。僕はそういうことをずっとやってるんですよ。ブラジリアン柔術の場合もパラエストラの友好団体になってもらって、それで全国に柔術マップができたから、それを後に連盟にポンとあげちゃう。

光岡　上手いやり方ですよね。ゆるい感じでちゃんとつながっているわけですから。それはアメリカンスタイルでもブラジリアンスタイルでもない。日本的なスタイルですよね。トップはいるけど実権があるのかないのかよくわからない。あまり口出しせずにいて、組織的にはとりあえずネットワークがあって、その中で互いに交流できる場を作る。

中井　柔道の角田夏実《つのだなつみ》選手がパリオリンピックで金メダルを取ったとき、「中井さんの弟子ですか?」というメールがいっぱいきました。違うんです。角田さんに柔術を仕込んだとされるのが、高本裕和《たかもとひろかず》さんで彼はサンボと柔術の全日本チャンピオンなんです。僕の練習仲間でした。でも道場生ではないので教えたわけじゃない。だけど僕は高本さんに黒帯を出したんです。先生がいないとか帯がもらえない環境にいる人には僕が帯を出しているんです。

光岡　もちろん実力を見て渡すわけですから、折り紙付きですよね。

中井　それで世界チャンピオンとかメダリストの先生になってるわけだから、ほらそうでしょって。つまり日本独自の自家製の柔術を作れる証明にもなっているでしょうと。僕も自家製の柔術で、そこにはグレイシー柔術をはじめいろいろなものが入っている。自分で作り上げていけるじゃないかと思うわけです。

自前の柔術を作る

光岡　ある意味で原点回帰ですよね。ブラジリアン柔術の起源が日本発祥ですから。また、その教え方は十人十色の江戸時代の寺小屋のような一見、学級崩壊しているような、おおよそ今一般的な学校教育からは想像がつかないような指導の仕方ですから（笑）。中井祐樹流の武道は縁《えん》とか運も含めスタート地点から取り組み方が本当に独創的で何十年も先を見据えた取り組み方のように思えます。

中井　はい。「教えていない人に帯を出すなんて」と批判する人もいました。「グレイシーじゃありえないよ」と言っている人もいました。だけどカーロス・グレイシーだってそもそも前田光世[*25]から与えられた黒帯じゃないでしょ？　というのが僕の論法なんです。自称じゃないですか。

光岡　そこは遡っていえば、いくらでも突っ込みどころがありますよね。けっこう有力な説で、実はグレイシーは前田光世から習ってもいなかったという説が強いくらいですから。ただ、誰かに柔道か柔術を習ったことは確かでしょうが。

中井　だから自分の柔術を作っちゃえばいいじゃんって言っているんですよ。流派を守ることも大事なことですよ。ただ僕は独立したいって言ったらどんどん独立させている。

光岡　とはいえ、自前ならではの難しさがあると思うんです。たとえば茶道という流儀を修めたい人が表千家も裏千家も通らずに、自前の茶道にそれこそフリースタイルで行き着けるかというと無理じゃないですか。千利休《せんのりきゅう》という存在を無視してフリースタイルの茶道は成り立たないわけです。

柔道も柔術という積み重ねがある中でニューウェーブとして生まれたわけですが、それは日本が欧米化していく中での変化でもあった。そうして段位制度を設けたりとかするわけです。だから自前という新しい動きが茶道の祖である千利休を無視するようなことになっているのかどうか。そこは伝統との関係性を見た方がいいとは思います。

嘉納治五郎[*26]も最終的には、「今の乱取り中心の柔道は自分がやりたかった柔道ではなかった」と漏らしているくらいですからね。フリースタイルや独学、我流と言っている人の多くは、自分の身につけた「母語」としての体系に無自覚なだけではないかと思います。要するに母語はいつの間にか身につけたものなので、当たり前すぎて、それが自分のベースになっていることも自覚されない。

フリースタイルを自称する人が何かに気づいたとしても、それは自らのベースを規範に気づいているだけであり、そこに無自覚だからこそ「オリジナルの発見だ」と勘違いするのではないでしょうか。自覚があると自分の習得したベースをさらに深く理解できるようになるはずです。この辺りが武術や武道における我流やオリジナルの問題点だと思います。

注

＊1　第一章注9参照

＊2　一九四九年岩手県生まれ。プロレスラー。「関節技の鬼」と称される。本文中の両者の対談とは「ゴング格闘技」（二〇一四年十二月号）掲載の「お前はアントニオ猪木を馬鹿にしてるのか？プロレスの敵か？」。

＊3　第一章注10参照

＊4　一九一三年—二〇〇九年。ブラジルに生まれる。兄のカルロス・グレイシーと共にグレイシー柔術を創始した創始者の一人。ヒクソンやホイスの父親。一九五一年十月二十三日にブラジル・リオデジャネイロのマラカナン・スタジアムで柔道家の木村政彦と対戦した際、木村の腕が

らみでエリオが骨折。その後、グレイシーでは木村への敬意を込めて腕がらみを「キムラロック」と呼ぶようになる。

＊5　第一章注13参照

＊6　一九六五年愛知県生まれ。作家。北海道大学に進学し柔道部で七帝柔道を学ぶ。柔道部では中井祐樹の三期先輩。『シャトゥーン　ヒグマの森』で第五回『このミステリーがすごい！』大賞優秀賞を受賞。『木村政彦はなぜ力道山を殺さなかったのか』で第四十三回大宅壮一ノンフィクション賞、第十一回新潮ドキュメント賞をダブル受賞。その他主な著書に『七帝柔道記』（角川文庫）、『VTJ前夜の中井祐樹　七帝柔道記外伝』（角川文庫）など。中井祐樹との対談に『本当の強さとは何か』（新潮社）がある。

＊7　第一章注4参照

＊8　第一章注10参照

＊9　一九八四年、元新日本プロレスのタイガーマスク（初代）こと佐山聡が東京都世田谷区瀬田に「タイガージム」という名称で総合格闘技「シューティング」のジムを設立。「タイガージム」は翌年の一九八五年に東京都世田谷区三軒茶屋で「スーパータイガージム」と名を変え再スタートする。中井祐樹が向かった「スーパータイガージム」は一九九〇年代に三軒茶屋から神奈川県川崎市を経て横浜市に移転した「スーパータイガージム横浜」。佐山聡については第一章注10参照。

＊10　一九六九年、東京都豊島区目白に設立されたキックボクシングジム。支部として一九七八年にオランダ・アムステルダムにも設立。設立当初の本部会長は空手家、キックボクサーの黒崎健時。藤原敏男をはじめ数多くの強豪キックボクサー、ムエタイ選手を輩出したことで知られる。佐山聡は新日本時代、目白ジムにも通いトレーニングを積んでいた。

＊11　一九六八年神奈川県生まれ。総合格闘家、デザイナー。A-pop／東京イエローマンズ主宰。元修斗世界フェザー級王者。「奇人」の愛称で知られる。

＊12　一九五一年神奈川県生まれ。小説家、エッセイスト。プロレス、格闘技マニアとして知られる。主な著書に「サイコダイバー」シリーズ（祥伝社文庫）、「キマイラ・吼」シリーズ（角川文庫）、「陰陽師」シリーズ（文春文庫）。その他「獅子の門」シリーズ（光文社文庫）、「餓狼伝」シリーズ（双葉文庫）、「東天の獅子」シリーズ（双葉文庫）、『仕事師たちの哀歌 プロレス小説』（集英社文庫）、『空手道ビジネスマンクラス練馬支部』（講談社文庫）、『本朝無双格闘家列伝』（新潮文庫）など多くの格闘小説、エッセイを執筆している。

＊13　一九六三年三重県生まれ。ブルース・リー財団日本支部最高顧問、ＩＵＭＡ日本振藩國術館およびＵＳＡ修斗代表。寛水流空手、中国拳法などを学んだ後、スーパータイガージムに入門。その後、アメリカに渡りダン・イノサント門下としてジークンドーを修める。ダン・イノサントについては第一章注8参照。

＊14　第一章注8参照。

＊15　第一章注19参照。

＊16　一九六六年ブラジル生まれ。柔術家。カルロス・グレイシー・Jrにグレイシー柔術を学ぶ。マチャド五兄弟（カーロス、ロジャー、ヒーガン、ジャン・ジャック、ジョン）の三男。叔母がグレイシー家に嫁いだため、グレイシー一族の中で育つ。

＊17　一九六七年ロシア生まれ。レスリング選手、政治家。一九八七年から二〇〇〇年まで国際大会で十三年間無敗を誇り、オリンピックのグレコローマンレスリング百三十キロ級では一九八八年、一九九二年、一九九六年と三大会連続で金メダルを獲得。通称「霊長類最強の男」。

＊18　自分の体と相手の体を上下に入れ替える返し技の技術。

＊19　第一章注16参照。

＊20　一九四八年岩手県生まれ。キックボクサー。黒崎健時の目白ジムでキックボクシングを学び、外国人として初めてムエタイのラジャダムナン王者となった。引退後は自身が設立した「藤原ス

ポーツジム」で後進の育成、ムエタイとキックボクシングの組織である「ジャパン・マーシャルアーツ・ディレクターズ」の理事長をしている。国際真武術連盟「龍魂会」二代目会長。

＊21　一九八一年―二〇二〇年。北海道に生まれる。柔術家。二〇〇五年、世界柔術選手権（ムンジアル）に出場し優勝。日本人初の快挙を成し遂げる。

＊22　一九九一年埼玉県生まれ。柔術家。高校生のときにブラジリアン柔術と出会い、佐々幸範に弟子入り。二〇一五年から二〇一八年にかけて世界柔術選手権（ムンジアル）黒帯部門で日本人初となる四連覇。また二階級（ルースター級、ライトフェザー級）制覇を成し遂げる。

＊23　一九七六年―二〇一六年。埼玉県に生まれる。二〇〇一年にパンアメリカン選手権で茶帯ライトフェザー級で優勝、エンセン井上より黒帯を受ける。二〇〇八年には世界柔術選手権（ムンジアル）決勝進出を果たし、ライトフェザー級で準優勝を獲得。

＊24　中井祐樹「ラストインタビュー『遺言』。」（「ＧＯＮＫＡＫＵ」二〇〇七年六月号～八月号まで全三回に渡り掲載）。

＊25　一八七八年―一九四一年。青森県に生まれる。柔道家、柔術家。通称コンデ・コマ。講道館で柔道を学ぶ。講道館四天王の一人、富田常次郎と共に柔道普及のためアメリカへ渡る。その後、各地で異種格闘戦をおこなう。ヨーロッパから中南米を周り一九一四年ブラジルへ。同地で自己の習い覚えた技術を教え、それがのちに「ブラジリアン柔術」の大きな流れとなる。

＊26　第一章注12参照

第三章　感覚の世界

光岡　自分でもよくわからないなと思うのは、なぜ古流や伝統武術をやろうと思ったか。いまだに続けているのはどうしてなんだろうということなんです。

というのも、実際にすごい人に出会ったわけでもないからです。これまで学んできた先生の中には、忖度《そんたく》とまではいわないにしても、こちらが本気を出すと技がかからない方もいました。プロレスのように受けを取らないと成立しないようなところがあって、だけども頑《かたく》なに「何かあるはずだ」という思いは消えなかったんです。

たとえば日本の古流や中国武術の名人の逸話が全部嘘なわけはない。確かに今の自分にはできない。ということは、今の実力はせいぜいその程度なんだろうと思っていました。

現代武道的な筋肉を鍛えたり、骨格を使って関節技を極めるとか。もしくは格闘技的なトレーニングでパンチの練習をした方が「絶対に強くなるんじゃないか」みたいな感覚はあったんです。それにもかかわらず站椿《たんとう》*1で何時間も立ち続けるといったこともしていました。自分がリアルさを感じている現代的なものを通り越した先に「何か」があるはずだという思いが自分の中に同居していました。むしろ、そちらに希望を見出していたというのは、自分では不思議ではあるんですよね。

中井　昔にあったものを掘り起こしてこられたわけですが、もっとも稽古されているのは、韓氏意拳*2ですか？

暗黙の道場訓

光岡　韓氏意拳は三十代になってからです。武歴からいいますと、最初は空手です。十一歳の時に家の近くの神社にあった道場で和道《わどう》流の空手を始めました。そこには中塚先生やS先生、館長の高崎先生がいたんです。館長の高崎先生は、たしか土木関係の社長でもあった人で、S先生は見た目も強面《こわもて》のパンチパーマ（笑）。別にカタギではありましたが、そっち系の人といわれてもうなずける感じでした。でも、どなたも純粋というか根がいい先生方で、試行錯誤しながらも一生懸命、自分ができるなりに教えてくれました。ただ、子供向けの教え方もない時代だったので、入った当初は中学生も大人と一緒に組手をするのでよくボコられました（笑）。今だと大問題になるでしょうが、ひとつ上の中学二年生の道場生は組手で前歯を折られていました。

和道流の開祖の大塚博紀《おおつかひろのり》先生*3のご子息の次郎さんに後年、お会いしたことがあったのですが「岡山へ親父について行った時、高崎さんが強かったことが印象に残っていますよ」とお話しされていて、二代目宗家が地方の道場についての記憶が残るくらいの実力はあったようです。後日、高崎先生も大塚次郎さんのことを覚えておいでで「次郎さんは、膝関節への足刀蹴《そくとうげ》りが上手《うま》かったよ」とおっしゃっていました。現行のルールでは禁止されていますが、和道流は柔術拳法だからなのか昔は膝への足刀蹴りとか有効なのでよく使っていたようです。

道場の実力者には、柔道出身でもある中塚先生とS先生の二人がいて、私が「中学の部活は何をやろうかな」と言ったら、「空手は打撃が中心だから、組まれても投げられる柔道もやったほうがいいよ」と言われました。和道流は組み技の発想がありました。ケンカで組まれたら取っ組み合いになるから、投げ技を知らないとダメだよみたいな感覚でしょうね。

中井　ケンカ想定の話なんですね。

光岡　そうなんです。中塚先生はケンカはしないタイプでした。だけど空手のルールを守らず、接近戦になると立った状態でサイド・スープレックスのような俵返《たわらがえし》で相手を投げるような人でしたから空手道連盟の理事長には嫌われていましたね。まあ、中塚先生が投げがそもそもOKな和道流空手で、一方その理事の先生は遠方から踏み込んで一本を取ることを美学とする松濤館《しょうとうかん》流空手出身だったこともあるでしょう。

もう一人のS先生はヤクザとケンカして五人ほどのしてしまったことが発端で大変なことになりました。そこの組員がS先生の勤める会社や家にお礼参りにきた。一対五でヤラれては、向こうもメンツが立たないわけです。館長の高崎先生が土木関係の人でもあり、その筋にも顔が利いたので、向こうの組長さんと話して、S先生も一緒に連れて頭を下げにいって収まりました。それ以来、道場では「ヤクザとケンカしないように。すると後々大変だから」的な、どこにも書かれてない暗黙の雰囲気としての道場訓がありました。本当に後始末が大変だったんだと思います。

中井　光岡先生の武歴の始まりはユニークな先生がたくさんいたんですね。

光岡　前にも少し話しましたが、中学では柔道をちょっとだけやりました。弱小柔道部だったので試合で勝つことはまったく視野に置いてなかったです。どれくらい柔道の試合で勝つことが視野になかったかというと、ある日、顧問の丸川先生が格闘技や武道好きな人だったので「光岡、空手やってるよな。となりの剣道部から剣道の防具を借りて殴り合いしよう」と誘ってきました。二人して隣の剣道部の面と胴と籠手を勝手に拝借して殴り合いをしていました。

前蹴りは入るけれど、胴を付けているから全然効かないんですよ。蹴りの後に顔面をぶん殴られると、防具の重さで頭が持っていかれます。そうすると「おお、やっぱり胴は効かんなあ」と先生が言えば、私も「結構、面って重いですね」と言ったりして、それで中学生の頃から柔道の有段者の大人と防具組手の研究したりしてました。

中井　ぜんぜん柔道と関係ないですね（笑）。

影響をうけた本

光岡　岡山弁でいうところの「わや」です（笑）。「わや」って「めちゃくちゃ」という意味なんですが、だから試合に向けた練習はあまりしていなくて。基本の打ち込みをちょっとやって、あとは自分たちで練習していました。そこで私が最初に参考にしたのが、『藤原喜明のスーパー・テクニック』[*4]なんですよ。

中井　えええ！

光岡　関節技は柔道にもあるから使えるんじゃないかと、アキレス腱固めやヒールホールドを練習したり。中学生の柔道では関節技は禁止されていましたし、そもそも足関節は柔道で禁止されているんですが（笑）。私の代の柔道部ではやっていました。
　トレーニングもプロレスラーはスクワットを五百回やるっていうから、とりあえずそれをやってみようとか。中学生の頃にプロレスの入門テストに必要な数と時間だけスクワットや腕立て、腹筋、ブリッジとかはしていました。誰に強制されることもなくプロレスに入門できるぐらいの体力は身につけておこうと考えていました。

中井　なんだか急に光岡先生と同世代感が増してきました。藤原さんが出された『藤原喜明のスーパー・テクニック』はプロレスラーが現役中に出した技術書という点では画期的な本じゃないかなと思うんですよね。

光岡　いまでいうノーギ（道着なし）のサブミッションとして最初のまともな本ですね。今だからこそ「ノーギ」という言葉もできましたが、あの時代では画期的でした。あとは『佐山聡のシューティング入門』[*5]やビクトル古賀の『サンボ入門』のおかげでビクトル投げ[*6]もできるようになったんです。柔道部でも試したし、空手の道場でも結構フリーだったので、打撃の最中にビクトル投げに入ったりして試していました。まったく空手や柔道ではないのですが（笑）。当時は総合格闘技の発想自体がまだなかったですよね。

中井　懐かしいです。『藤原喜明のスーパー・テクニック』に少し遅れて佐山先生の『佐山聡のシューティング入門』が出ましたよね。二冊とも一九八六年出版です。

光岡　ともかく中学生のころは空手を主流にしつつ柔道をやって、そうなると競技中心になってくるんですが、そうではないことをつねに想定してはいました。

中井　それが古流の稽古とつながるわけですね。

光岡　はい。高校生になっても空手は続けつつ、大東流合気柔術や竹内流、新陰流を習うようになりました。あとは孫式《そんしき》や武式《ぶしき》の太極拳とか気功とか。この頃、松田隆智《まつだりゅうち》さんの『謎の拳法を求めて』[*7]という本を読みすごく影響を受けました。そこで諸賞流[*8]を知ったり。「外から打って胴の蛇腹の内側が破れるような肘当てができるのはすごいな」とか。松田さん原作の漫画「拳児」ブームも起きて、それで中国拳法に興味を持ち始めました。そういえば、「月刊　空手道」という雑誌が昔あったんですが、なぜか何年かの三月号にブラジリアン柔術が紹介されていたの知っていますか？

中井　いや、全然知らないです。

光岡　一九九〇年代初頭です。その時は「ブラジルに渡った柔術なんてあるんだ。へー、これはなんだろう」と思っていました。あと、「月刊　空手道」の同じく後ろのページの方にペンチャック・シラットも取り上げられていて、なんか興味深いなと思っていたことを覚えています。

背筋が凍る異次元の蹴り

中井　高校を卒業してハワイに行かれた？

光岡　親が移り住んだので、私もハワイのヒロに渡りました。その時に学んでいた大東流の岡本正剛先生[*9]に「よかったら大東流をハワイで教えませんか」とお誘いいただきまして、その結果、ハワイで大東流合気柔術を教えることになりました。

また、ハワイに渡ってから和道会の道場があったので見学に行ったんです。その頃は三段を取っていたので、「来週から一緒に教えに来てくれないか？」と依頼され、そこで和道流の空手も指導するようになりました。そうしたら数カ月後、親が経営していたレストランで働いている人に「近くのジムで木曜日にペンチャック・シラットを教えているところがあるよ」と教えられ、じゃあ行ってみようということになりました。先述したジム・イングラム[*10]の弟子が同好会支部のようなグループを作って互いに教えていて、そこに通うようになりました。もうひとつ気になっていたブラジリア

マレーシアの武術
『ペンチャック・シラト』
MALAISIE AUSSI

「月刊　空手道」1989年５月号

米国に柔術ブームをおこした
グラシエ・ジュージュツ
ブラジルのグルシエジュージュツが火をつけた米国の柔術熱
個人指導オンリーの練習体系
KARATE

「月刊　空手道」1990年３月号

ン柔術との出会いはＵＦＣ（アルティメット・ファイティング・チャンピオンシップ）の後でしょうか。

中井　じゃあ一九九三年以降ですね。

光岡　ブラジリアン柔術の存在は知っていても、実態がわからなくて、ＵＦＣを見て初めてつながった感じです。その頃いろいろな流れがありました。バートン[*11]がグレイシー家がハワイに引っ越して来たばかりの頃に、グレイシー兄弟の従兄弟であるマチャド兄弟などと一緒に練習していた時期だったり。あとカポエラをアメリカに最初に広めたホセリト・アメン・サントス[*12]と縁がありました。彼とバートンは知り合いなんですが、私はそれを知らずにまったく別のルートからアメンを紹介されました。実は私がハワイ島でのカポエラのグループ設立のきっかけになったんです。

中井　意外な接点があるものです。

光岡　そのホセリト・アメン・サントスの弟子の一人がブラジル好きなアメリカ人で、ポルトガル語もできたこともあり、アメンとヒクソン・グレイシーをはじめとするグレイシー家に同時に習っていたんです。当時、グレイシー家が一緒に生活していた頃で、そういう話も含めて彼にグレイシー柔術とブラジリアン柔術の話を聞いたり、実際にその技術も少し見せてもらいました。限られた時間での技術交流でしたが、それでもグレイシー柔術が相当な体系を持っていることはわかりました。そこで彼に「アメンとヒクソンの両方から習っているわけだけど、どっちが強いと思う?」と聞いたら答えられないんですよ。「どっちの実力が上か、わかんない」と。私がホセリト・アメン・サントスの蹴りを初めて見た時、本当に何かやばい技を見ると背筋がシュッとなるんだなと思いました。あの人の蹴りは、なんかもう異次元でした。カポエラ界でも伝説的な人です。カポエラで実際に戦えるというのでも有名だった。

　彼が言うには「アメンの蹴りは本当に正確に当たるから、あれをヒクソンが確実に避けられるかどうかわからない」と。ただ、アメンはカポエラが大好きで、カポエラ以外はやらない。興味がない。「バーリ・トゥードも大切だよね」とは言っていましたが、彼はカポエラの伝道師でもあるから、そこから外れる気持ちはまったくなかったみたいです。

中井 ハワイ時代はなかなかおもしろいエピソードが満載ですね。

光岡 いろいろな武術家と交流しましたが、その中に洪家拳のヴァーノン・リエタという人がいました。彼の高弟の一人のレイという方が、光岡門下のクリスの知り合いで、彼を通じてヴァーノンやアメンらに出会いました。その流れでヴァーノンの洪家拳と、アメンのカポエラのジョイントセミナーの主催に関わったりしました。そういえば、ヴァーノンとホセリト・アメン・サントス、バートンの三人とも、実はつながっていたのが後でわかったんです。映画「キックボクサー4」[*13]という超B級映画があるんですけど、三人ともこれに出てます。あとヒーガン・マチャドも出てるんですね。武道家や格闘家の超一流が出演しているけれど、映画はまったくヒットせず、ヒドい駄作といわれていますが（笑）。

ハワイでの稽古の日々

光岡　ハワイにいた頃は一時期、一人稽古では意拳の站椿ばっかりやっていました。ただ立つ。ひたすら立って、後は道場に行った時に誰かを相手に組手するみたいな日々です。意拳との出会いは、それ以前の十五歳の頃でしたかね。大東流合気柔術の道場に武術オタクが何人もいて、そこで澤井《さわい》健一《けんいち》先生[*14]の話を初めて聞くんですよ。大《おお》山倍達《やまますたつ》も敵《かな》わなかったと。『空手バカ一代』[*15]を読んでいたので、陳老人のモデルが澤井健一で、その人がやっている流派が太気拳だと知りました。『空手バカ一代』で読んで「最強と言われている大山倍達よりも強い人がいるんだ」と思って、太気拳を追っていくと、元は中国武術の意拳に辿りつく。その始祖の王薌齋[*16]に澤井先生はまったく歯が立たなかったと知って、さらに強い人がいると知ったわけです。その強さの根源が意拳の站椿だと。太気拳はそれを「立禅《りつぜん》」といっていました。

　岡山の大東流合気柔術の世話役のような人が、太気拳も少しかじっていて、そこで立禅を教えてもらったりしていました。他の武術オタクの人から站椿というのは、「ただ力を抜いてずっと立つらしいよ」と聞いたりしていたので、とにかくそうなんだろうと思ってやっていました。澤井先生の『実戦中国拳法　太気拳』や『拳聖澤井健一先生[*17]』を読んで站椿をやりつつ、先述した『藤原喜明のスーパー・テクニック』や『佐山聡のシューティング入門』と同じようにそういった本を参考に稽古していました。

中井　站椿をやることで何が得られるんでしょうか。

光岡　澤井健一先生の書籍では立禅（站椿）は「長い時間やれ」と書いているから十五分から三十分、一時間とどんどん伸ばしていって、ハワイに渡ったころには六〜八時間とかやるようになっていました。

いろいろな人と手合わせしてみるとおもしろい現象が起きるようになりました。それが站椿とどう関係しているのかまでは説明できませんが、起きた現象の話だけをするなら、相手と組手や乱取りをした時に相手の動きがすべて見える、というかわかるようになってきたんです。おそらく何時間も自分の身体の感覚と向き合っていたことが結果的に上手く働き、そのような現象を組手や乱取りの最中に起こしたのではないかと思います。

ただ、そのことと站椿とのつながりは感じても、意図的に現象を再現しようとすると途端にできなくなるという問題がありました。ずっとわからなかったんです。いつかちゃんと教えてもらえる人がいたら習いたいなと思っていて、それで二十代のハワイ時代を終え三十歳の頃に日本に帰国しました。
それから甲野《こうの》善紀《よしのり》先生[*18]との交流が始まって、そのご縁で高名な空手のU先生にお会いしたりしました。その先生の披露されたS流の型や技は確かにすばらしかったです。だけど、私がまだハワイ感覚が抜けきっていなかったのと、その空手のU先生の道場の空気を読めなくて、「こうすると力が加わっても動かせません」と説明する先生を動かしてしまったり、「こうすると技がかかります」といった技を封じてしまったり。ハワイだとそういうことをすると「お、そういうのおもしろいね！」という雰囲気になるんですけど、日本だとやっぱりそうはいかない（笑）。U先生の技がどれもかからず封じられてしまうので、何人もいたお弟子さんたちも気まずい雰囲気になっていたようです。部屋の空気が冷ややかに寒くなり本当に風邪を引きました（笑）。
中井　空気を読まなかったんですか（笑）。
光岡　はい。本当に読めてなくて、気づいたら空気がヒンヤリしていました（笑）。
中井　まあ、そういう経験がいろいろあったうえで、中国に行かれたのですよね？

韓氏意拳との出会い

光岡　かつて福昌堂が[19]「武術《ウーシュー》」という中国武術を専門に扱う雑誌を出していて、そこに韓星橋先生と[20]韓競辰先生の特集が組まれていたんです。「四大金剛力士の一人の韓星橋が生きているんだ！」と知ったんです。その同じ雑誌の広告で韓星橋先生、韓競辰先生に会いにいって韓氏意拳を学べるツアーがあったので、それに申し込むかたちで行きました。けっこうなボッタクリの価格設定でしたが（笑）。

中井　いかにもありそうですよね。

光岡　現地で通訳の人と仲良くなって、韓競辰先生も気に入ってくれて、お父さんである韓星橋先生のところに連れて行ってくれました。韓競辰先生に酒席で、失礼にあたるかもしれないけれどこの企画の報酬としていくら貰っているのか聞いたんです。

中井　話の流れとしては、当然中抜きがたくさんあったということなんでしょうね。

光岡　先生の手元に渡っていた三〜四倍ぐらいを私が支払っていました。それだけ先生の謝礼が少なかったわけです。そこで二人で話し、韓先生が「もしよかったら関心ある人を貴方が集めて直接こちらに連れて来てくれないか」という話になって。それで日本で参加者を募って、中国へうかがうことになったんです。少しして甲野先生との共著[*21]が出るのですが、その影響もあって人も集まりやすく、一緒に韓氏意拳を学習する人たちも増えてきて、数年後に日本韓意拳学会を設立しました。

中井　韓先生の正式な弟子になったということですか？

光岡　二回目の訪中の際に韓星橋先生から息子の韓競辰先生のもとに拝師《はいし》しないかとの申し出があり、それを承るかたちで拝師しました。

中井　それで日本の支部長になられた。日本以外にも支部はあるんですか？

光岡　中国、日本とアメリカだけです。

ガチをしかける

中井　僕と先生は二歳違いますけど、松田隆智さんとか藤原喜明さんとか、なんだか世代の感覚の羅針盤《らしんばん》みたいなところは共通していますね。いろいろな出会いに導かれて学んだことを自分の中で統合していらっしゃるから、なんとなく自分も近いノリがあるなと思います。総合格闘技という違うフィールドですが、似てるというのもあり、いろいろな人に会って、ガチをしかけるのもそうです。僕も割とそのタイプなので。

光岡　ですよね。

中井　昔からOBが来たらガチをしかけて、それを経《へ》て相手から教えてもらうというのを結構やっているんですよ。といっても、態度は悪くないんですよ。いろいろしかけても「おまえ、なかなか良いな」みたいな感じになるので。しかけることである程度認めてもらえる。そうすることで相手も胸を開いて話してくれる気がしています。まあ若かっただけかもしれないですけど。若いうちは「強さがすべて」みたいなところもありましたから。「現役が負けちゃだめだろ」とは思ってましたから、無謀な挑戦はありました。

光岡　私も無謀な挑戦をしてきましたが、それがつねに勉強にはなりましたね。

中井　これまでの道のりを全体的に振り返ってみると、僕の場合も昔あった術理みたいなものを掘り起こし、自分の中で照らし合わせてみて、今の人に伝えるみたいなことをしているつもりです。だから先生の考えと基本的には近いかもしれません。僕の場合はさかのぼっても柔道からなんですけど、「柔道のこの技がどこから出てきたのか？」というのを考えていくようなところがあります。

光岡　中井先生のそういう取り組み方や考え方は、格闘技や武道をやっている人の中で、初めて合致《がっち》したという思いがあります。そうして過去をさかのぼっていくと、我田引水かもしれませんが、「プロレスもサンボもブラジリアン柔術も結局は日本の武道じゃないか！」みたいなところがあってですね。

中井　はいはい。

光岡　中井先生とのこれまでの交流で確認が取れたのが、やはりレスリングのピンフォール[*22]を勝ちとする発想が後に柔道の価値観にも影響して、柔道に入ったんじゃないかとか。

中井　そうですね。

背中がついても終わりじゃない

光岡　投げられて背中がついたら負けというのも、その辺りが関係しているんじゃないでしょうか。「レスリングは基本的にピンフォールする技術であり、サブミッションがない」と中井先生が以前お話されていました。私としては、「関節技はレスリングにはない」と考えていて、ただそれは推測でしかなかったんです。だから我が意を得たりと思いました。ネルソンやハーフネルソンはあるけれど、あれは関節を極める技ではなく回転させてひっくり返す技ですよね。

中井　近いものはあるんです。ただ関節を動かして相手を抑えるのがほとんどです。ましてや、自分から寝にいって、関節を取ったりする発想は、おそらく日本由来でしょう。

光岡　西洋や東南アジア、他のアジア圏では日本のように文化的に骨や関節を〝極める〟という感覚や発想がないんだと思うんです。筋や筋肉をひねったり圧迫したりして極める技術や、神経が通っているところ、集中してるところを極める技術はあるんですが、もともとは骨というか関節を極める発想はないんですよね。私の知る限りでは。

中井　そうだと思うんです。レスリングの文化は欧米だけではなくて、世界中にたくさんあります。僕はプロレスファンだし、レスリング部だったし、多様な背景のあるレスリング文化からこの世界に入ってきたわけです。

ですが、「ピンフォールで背中をつけられても負けじゃないんですけど」という思いはあってですね。「それだとまだ命は取られないんで。なんなら最後は極めちゃうんですけど」という発想を提示したのは、おそらく日本だと思っているんです。だからこそブラジリアン柔術の根底には日本の武術というか感性が流れているはずです。

となると、ＭＭＡ（総合格闘技）という世界で日本ウェイ（日本的なやり方）が実は発露されたのではないか。だからこそ、「それを日本の持ち味として考えることはできまいか？」と思うんです。「やられなければいいんだ」というふうに考えれば、競技の世界で勝つことはできない一般の人であっても、嗜《たしな》むことはできる。そこから出発すれば上は天井知らずの世界が広がっているわけです。そこに向かっていけるんじゃないかという発想が僕の根幹《こんかん》にあるのです。

まあ、それを共有できる人がどれだけいるのかわかりませんけど。そういう話を伝えていきたいとは思っていますね。「日本の手柄にしたいだけじゃん」と言われそうではあるので、そういう理解がされてしまうとしたら、僕としては「ちょっと話が通じないのかな」と思わなくはないんですが。でも薄々《うすうす》はみんなわかってるはずだよねとは思っています。

光岡　プロレスの関節技もほぼ柔術か古い柔道由来というのは間違いないと思うんですよね。自分のフィルターを通してしか見ないところが人間にはあるのは承知していますが、いろいろな角度や観点から考えてもやっぱりそうなんじゃないかと。だってジャイアント・スイング[*23]は、ガードポジション[*24]の相手にしかできないじゃないですか?

中井　そうですよね。

光岡　だから相手がガードするという前提じゃないと、発生しなかった技だと思うんですよね。ジャイアントスイングをしてレスリングで勝つ要素なんてないわけですから。

中井　それはそうです。

古流柔術とプロレス

光岡　ハワイに移住した日本人が伝えた武術に壇山《だんざん》流という柔術があって、その映像の中にガードポジションの相手に対してジャイアントスイングで投げる技があるんです。戦前にアメリカで活躍したハワイ出身の元力士のレスラー、沖識名《おきしきな》*25は壇山流柔術をハワイで習っていたし、イギリスやアメリカで名を馳せたスモール谷《たに》*26こと谷幸雄《たにゆきお》や三宅《みやけ》タロー*27こと三宅多留次《みやけたるじ》も柔術家です。

　そういった人たちとレスラーが試合をする中で、互いにいろいろ工夫して考えて技を編み出したのではないかと思います。彼らがアメリカのプロレスリング・シーンに入ってきた後で、アメリカでのプロレスリングの技が歴史的に増えています。ボストンクラブ、チキンウィング・アームロック（古流柔術の腕緘《うでがらみ》、現在の別名キムラロック）、ジャパニーズ・アームロック（現在のキーロック）、ジャイアント・スイング、トゥ・ホールド、カナディアン・バックブリーカーなんかそうです。ジャイアント・スイングのもとのデス・スウィングの発案者であるサンダー・ザボーはタロー・三宅や沖識名と同じ一九三〇～三二年の間に、同じプロレスリングのリ

檀山流柔術（「Profesor Henry Seishiro Okzaki - Kodenkan Danzan Ryu Jujitsu」（https://youtu.be/faarpA7-g））

檀山流柔術（「Profesor Henry Seishiro Okzaki - Kodenkan Danzan Ryu Jujitsu」（https://youtu.be/faarpA7-g））

ーグでつねに一緒に練習したり試合していましたから、彼らの影響は間違いなくあったと考えられます。ボストン・クラブなどもここで伝わったんじゃないでしょうか。リバース・ボストンクラブ、ハーフ・ボストンクラブ、シングル・ボストンクラブの発案者のジム・ロンドスも同じリーグのスター選手でしたから。こちらも既に文献上は一九一三年（大正二年）に発行された『奥秘　柔術教授書』[*28]に見え、一九一二年に撮影された二人の柔術家による記録映像の中でも紹介されており、壇山流でも教えていたようです。

中井　戦前、想像以上にアメリカは柔術ブームに湧いたらしいです。プロレス界隈の人たちは、たぶん否定すると思うので、あんまり大きな声では言えないんですけど、やっぱり柔術が入って文脈が増えて、見せる要素もできて、いろいろなものを生む原動力にはなったのだと思うんですよ。サブミッションは知らないというレベルではないけど、柔術と出会うまでサブミッションで決着したような記録がほぼないことから、おそらくサブミッションで決めて「カンカンカン」とゴングが鳴るみたいな試合はなかったのではないかと思います。つまり後のUWF[*29]みたいな見せ方をする試合はなかった。だけどサブミッションホールドというひとつの見せ場みたいな文化は残ったのではないかと思うんです。

ジム・ロンドスによるボストンクラブ（https://wiki.phantis.com/index.php/File:Londos-03.jpg）

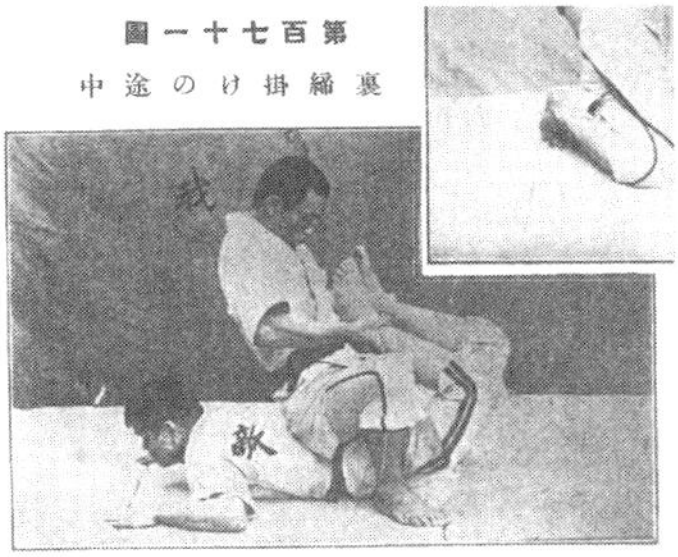

裏締掛けの途中（野口一威斎監修『奥秘　柔術教授書』八幡書店）

柔術家の記録映像（「Jiujitsu film footage from 1912」（https://www.youtube.com/watch?v=HAVyBQxo4yk））

檀山流柔術（「Profesor Henry Seishiro Okzaki - Kodenkan Danzan Ryu Jujitsu」(https://youtu.be/faarpA7-g)）

檀山流柔術（「Profesor Henry Seishiro Okzaki - Kodenkan Danzan Ryu Jujitsu」(https://youtu.be/faarpA7-g)）

光岡　アイアン・シーク[30]がボブ・バックランド[31]を相手にキャメルクラッチを決めて、マジソン・スクエア・ガーデンでタイトルを取ったり、ギブアップでタイトルを取ったりしています。このキャメルクラッチだけまったく別ルートの技術としてプロレスリングに流入しています。

一九三〇年代に活躍したメキシコのレスラー、エル・サント[32]こと、本名ロドルフォ・グスマン・ウエルタがキャメルクラッチの原形である〝カバージョ〟（caballo＝馬固め）を用いた最古のレスラーとされています。エル・サント選手はルチャリブレ[33]を始める前に柔術とレスリングを習ったと言っていますが、どこの誰に何流の柔術を習ったかは不明です。カバージョ（キャメルクラッチ）の態勢も、レスリングから出たとは考えにくいです。まず、ひっくり返しフォールする為にバックを取るならネルソンのように腕を殺して横へ行くか、または足を取りに行ってひっくり返した方がいい。

実はカバージョ（キャメルクラッチ）に一番近い、原形かと考えられる技は、『奥秘柔術教授書』で紹介されている「脊挫掛け」なんです。この写真は技を掛ける途中のものらしいので、後で手の位置は変わるかもしれないです。これが私が知る最も古いキャメルクラッチ的な技の前例です。また、そのカバージョ（キャメルクラッチ）が

エル・サントによるカバージョ（https://codigoespagueti.com/noticias/cultura/el-abc-de-santo-el-enmascarado-de-plata/）

竹内流の捕縛術（竹内流編纂委員会編『新装増補版　日本柔術の源流　竹内流』日貿出版社）

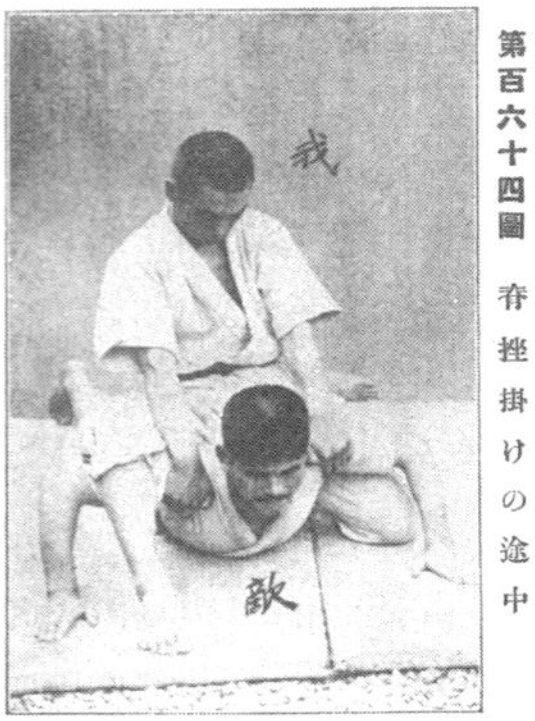

脊挫掛けの途中（『奥秘　柔術教授書』八幡書店）

檀山流柔術（「Profesor Henry Seishiro Okzaki - Kodenkan Danzan Ryu Jujitsu」（https://youtu.be/faarpA7-g））

檀山流柔術（「Profesor Henry Seishiro Okzaki - Kodenkan Danzan Ryu Jujitsu」（https://youtu.be/faarpA7-g））

見られるのが、先ほどお話ししたハワイ出身のプロレスラー沖識名氏がプロレスリングに行く前に習っていた「檀山流柔術　古傳館」の一九四三年時の記録映像です。

メキシコとハワイという離れた場所なので直接のつながりはないと思うのですが、一九三〇〜一九四〇年代という時代性と〝海を渡った日本の柔術〟の姿がふたつの隔たりをつないでいるように感じます。無名の日本の柔術家、武術家が世界にその技術を実践しながら伝えて行った痕跡だけが見えます。

現代のプロレスリングで使われているキャメルクラッチはエル・サント氏が遠く離れたメキシコの地で柔術を習い、プロレス向きに変遷された技、カバージョ（キャメルクラッチ）であることは間違いないでしょう。

余談ですが、このキャメルクラッチは、なぜ「キャメル＝ラクダ」なのかというと、一九五〇年頃から活躍した中東出身設定（実際は中東出身ではない）の悪役レスラー、ザ・シークや後にアイアン・シーク（イラン人）が用いる技とされ、「中東＝ラクダ＝〝キャメルクラッチ〟」の呼び名で一般化されたからです。そして、アイアン・シークが一九八三年十二月二十六日、ニューヨークのマディソン・スクエア・ガーデンで行われたＷＷＦヘビー級世界選手権の試合においてキャメルクラッチでボブ・バックランドからＴＫＯ勝ちを収めてＷＷＦ王者となった。そのことでキャメルクラッチの知名度が一気に上がりました。ちょっと日本の柔術や武術に引き寄せすぎと言われるかも知れませんが、キャメルクラッチ、カバージョひとつ取っても、そこにひとつの日本柔術史、武術史が見えてきます。

中井　おっしゃる通り、サブミッションで決着ということ自体が柔《やわら》の世界の話なので、おそらくピンフォール主体の欧米由来のレスリング的な発想じゃないと思われます。

光岡　そこには柔術の捕縛術と首を手柄として取る技術も関係してると考えています。まず捕縛術でいうなら下手人を捕える際に相手を完全制御する必要があるわけです。その時は相手に縄をかけて身動きを取れなくするには、まずは相手を腹ばいにさせ、腕を後ろに回して関節を取るので、関節技の理解が欠かせない。

　私は習ったことはなく、拝見しただけなのですが、竹内流柔術と初実剣理《しょじつけんり》方一《かたいち》流という剣術を修めた藤田金一師範が近年では捕獲術の名人として知られていました。その後継者の神崎師範の捕縛術の演武を高校生の時に見ました。すごいんですよ。時間はかかるんですが、縄をかけられたら捕縛されている人は全然抜けられないし身動きが取れない。さらにすごいのは一箇所だけパッと抜くと、それまで関節がまったく動かせないよう縄で腕を極めているんだけど一瞬ですべてほどけるんです。関節の可動域を相当熟知してないとああいうふうには極められない。捕縛術は日本の武術のひとつの特徴です。
残念ながら捕縛術は武術の世界では残っている流派もあるにはあるんですが、ほとんど廃れています。高校生の時の知り合いで武術オタクの人によると、捕縛術の一部はSMの縛りにしか残ってないというんです。その人も「僕はそっちの方の趣味はないんだけど、この本を買う時は少し恥ずかしかったよ」などと言っていました。
そこで捕縛術についてなんですが、ちょっといいでしょうか。（実演する）関節を取るときに、こうやると……。

中井 はいはい。

光岡 これが技として成立するのは、プロレスじゃないと難しいと思うんです。痛いけど、「まあ、こんな感じか」で終わると思うんです。ですが、ここの尺沢《しゃくたく》*34に気を向けるとこういう風にして取れたりします。これも一種の捕縛術です。要は相手をなんとかしようと躍起になると、痛がらせることはできても耐えられてしまう。だけど、ちょっとこうするとどうですか？　こうやって主体の内観性に目を向ける技が本来のあり方だと思うんです。

中井 なるほど。

光岡 関節のところに必ず経絡《けいらく》とかツボがあるんです。それで尺沢というところがあって、その尺沢がどこかを知識としてではなく、身体感覚としてわかっておかないとこれはできない。この現象は脳からするとすごく論理性がない。だから頭の方は不思議に思える。頭からすると文脈がつながらないところがあるんです。だけど経験として極め方がなんとなくわかると思うんですよね。

中井　なるほど。あー、深いですね。

光岡　どこまで自分を本当に「熟知しているか」が、武術的な技量に関わってくる。精神論ではなくて本当にそうなんだという世界があるわけです。

中井　言われてみると、うなずくばかりの話です。うんうん。

光岡　中井先生が相手の関節を取るとき、無意識にこういうことをされていると思うんです。

中井　どうでしょう。考えたことなかったです。

光岡　論理で語れる世界とはまた別の現実が身体の方で展開されていて、頭で考えるとわかっていないことがあるけど経験としてはなんかこうわかる、みたいな。

中井　そういえば、みんなができない技があって、僕が「こうだよ」と説明します。だけど僕だけできてみんなはできないことが時々あるんですよ。なんでなのかなと思うんですけど、その辺りの感覚の欠如があるんだろうなと思うんですよね。どういう風に技をかけているかを、自分がわかっていないというか。

光岡　これは光岡武学[*35]でいうところの「三観ノ法　うつし観、かえり観、てらし観」と読んでいる技法と術なんですが、中井先生、アキレス腱固めをかけてもらってもいいですか？

中井　これでいいですか？（実演する）

光岡　ああ、なるほど。こういうわけですね。その時にこの形でいいんで、ちょっと目を閉じてもらって。極めているのは私の右足ですけど、中井先生自身の足のここに感覚をすっと集注してもらって。はい、そうです。

中井　なるほど。この感覚か。なるほどなるほど。不思議ですよね、うん。

光岡　わかりやすい範囲で話すと、言葉を通じて頭と頭が対話するように、身体と身体もつねに身体語を使ってコミュニケーションを取っているわけです。

中井　はい。

光岡　右足のアキレス腱語というものがあるとします。右足のアキレス腱しか持ってない言語があり、左のアキレス腱とは真逆《まぎゃく》の言語なんです。物理的なレベルでも腱の付き方も全部真逆ですから。私の右足のアキレス腱語を一番理解できるのは、中井先生の右足のアキレス腱ですよね。同じアキレス腱語を喋るもの同士じゃないと、そこでのコミュニケーションが取れないですよね。

さっき中井先生がパッとアキレス腱固めをかけられた瞬間、確かに集注がそこにあるんですよ。だからもうされてることをあらためてなぞってみただけなんですけど。一流の選手になってくると、こういう潜在的に行われていることが無意識にできるようにならないと、相手も一流であれば勝つことができないのだと思います。

中井　意識したことなかったです。

光岡　身体感覚や感覚経験として、無意識でないと技がかからないことがわかっているんですよ。攻防中にやることを意識して考えすぎると後《おく》れを取るか、相手に読まれて技がかからなくなります。これは古今を問わず存在する問題です。

古流の柔術は、そういう無意識や潜在意識の領域も技術論として取り組めるような体系を持っていたのですが、これが現近代になるにつれて失伝していきます。正確には、現近代に適応するために古典の教えを理解するための身体観、感性、知性観を捨て、犠牲にし、現近代的な感性を獲得してきたわけです。

中井　そのような発見は先生自分で見つけてきたんですか。

光岡　そうですね。

中井　類する研究とかはあったんですか？

光岡　伝書を見て、その文脈をちゃんと捉えて、その微々たるところだけでも技や術として具現化できてくると、「そういうことなんだな」という納得しかないです。

中井　なるほど！

光岡　ツボや経絡を押さえるとして、捉える側が経験的に体感覚や体観でそれらを理解しているという前提があるわけですよね。関節技もそうで、どの境目のポイントを取るかが勝負の分かれ目ですよね。そのポイントを知らない人の技がかかることはないです。

中井　確かにそうです。

光岡　では、そのポイントを自分に照らしみて、「あなたはどこまで深く理解できていますか？　知っていますか？」ということなんですよね。その自知体認の深さが結果として技をかけた時や動きを行った時の技の作用、効き方、深度になってくる。

中井　そりゃそうですよね。

光岡　理屈でいうとなんてことはなくて、そんな感じなんですよ。だからこそ何かを「知る」「理解する」というのが認識レベルなのか、それとも身体感覚レベルなのか、あるいはさらに深く感覚すら及ばない領域のことなのかということが問題になります。

中井先生はわかると思うんですけど、物理的にも関節技や極め技のポイントはミリ単位ですよね。ピンポイントでしかも、角度によって作用が全然変わってくるわけですよね。古《いにしえ》の柔術ではその辺りのことが研究されていたと思うんですよ。伝書などを見る限り。この古の時代のひとつの特徴を私は「鏡のない時代」と呼んでいるんですが、この話を次にしようかと思います。

中井　お願いします。

鏡のない時代の身体感覚

光岡　鏡に映った自分の姿は左右が反転されて、その自分を客観的に見るじゃないですか。他人が自分を見る時と同じように。

中井　そうですね。

光岡　おそらく現近代以前の人たちは、鏡自体が一般化しておらず、鏡を見て自分を確認することなんてほぼなくて、つまり自分自身の姿形を客観視することなく、個体の感覚でしか生きていなかったと思うんです。自分の主体だけで生きていた。

　たとえば頬に米粒がついていたとしたら、鏡を見て「あ、付いている」と確認するんじゃなくて、「なんか付いているな」という感覚がする。それこそ自分の感覚だけですべてわかる。そうした鏡のない世界で生きていたと思うんです。

中井　そもそも江戸時代より前は一般庶民は鏡を持っていなかったでしょうし。

光岡　そうなんです。客観世界には、他人の意見や情報がいろいろあるので、そこから何かを学習することもたくさんあるけれど、裏を返すと自分の主体性がないと振り回されてしまう要素が増えてきます。

たとえば「選択肢が増えはしても選択能力が低下する現象」とでも言いましょうか、今の時代は、まさにそれが起きています。だから自らの主体に戻っていくような稽古方法として何があるかと問うたとき、武術、武道は有用じゃないかと思うんですよね。

武術や武道を技術論や動作論だけで語られてしまうともったいないのですが、仮に低いレベルでも武術、武道であれば実際にやってみて本当かどうか、本当に自分ができるかどうかなどを確かめられます。瞑想やマインドフルネス的な自己啓発系よりはリアルかと思います。そのような対人の実技がないと、もしかしたらすべて想念であり思い込みでしかない可能性もあるわけです。

中井　確かめることができるから改めることもできますよね。今まで自分にしかできない技があることが不思議だったんですよ。だから僕しかやらない技がいくつかあるんですよ。かなり教えてもできるようにならない。別に僕は名人でもないから、「誰でもできると思うんだけどな」と思っていました。

逆に僕にはできない技もあります。技は体が作るものなので一九五センチで九五キロの人のやる技はできないと思うんですよ。ともかく、なぜできるのかはちょっとわからないにしても、先生が示してくださった感覚を僕が持っているというのはわかりました。それがつかめるまではわからないことがあるのかもしれないなと思いました。

光岡　感覚の伝授はやっぱり難しいものです。

中井　はい。

光岡　でも、武術や武道において「どういう感じでやれば、それができるようになるのか」が誰もが一番知りたいし欲するところではないかと思います。そこは本来は伝授はできないとされています。本来というか、現代体育的な観点からすると、「その人が何かをする時の感覚は個人に由来するもの。だから伝えられない」と暗黙の了解のようにされているわけです。だから感覚を受け取れる人は才能があるけれど、そうでない人は才能がないという説明がされます。

中井　身体の頑丈さと同じく、「才能があるから」で片付けられがちです。

光岡　光岡武学で提示している武術や武道が持っている可能性のひとつとして、感覚の伝授が今みたいな形でできるんじゃないかと思うんですよ。

中井　才能のありなしではなく、受け取れる？

光岡　無論、そのための稽古は必要ですが、感覚は、私たちが自分自身の身体とどのように向き合うかによってまったく変わってきます。それくらい別の世界が無数にあると思った方がいい。そして、それが伝授可能と思うのは、型が示してくれる世界と関係してくるんです。

　たとえば空手には「サンチン」という型があります。空手を習っている人がみんな同じサンチンの型をやるわけだから、同じ型を通じて上達するという現象が生じないとおかしいはずです。だけど、現実には同じ型をやっても上達する人としない人がいる。

中井　だとしたら、何が欠落してるからそういう現象が起きるんでしょうか。

光岡　サンチンという型が提示している感覚があって、いわば型が人格か性格のようにして存在しているわけです。その型がその型に必要な〝ある感覚の仕方〟を私に提示しているんだけど、その人格や性格を無視して、私が自分なりのやり方の自己流でサンチンをやってしまったら、サンチンが提示してくれる感覚を汲み取れなくなってしまう。かといって、いずれの感覚も無視して型の動きだけを懸命になぞっても上達しない。動作に注目すると、型の表面をただ真似《まね》るだけになるからです。

中井 そこに、ある感覚を伝えることと受け取ることとの問題がありますよね。

光岡 ちゃんと型の感覚を受け取れたときに型の示す動きのひとつひとつが生きてきます。初心者が型を学ぶにあたって、まず手順を覚える必要があるから、動作を追ってしまうのは、それは仕方ない。ただ、私のところでは、初心者から「型が提示している感覚、身体観、形、勁道」などを大切に稽古していきます。そういう目に見える部分ではない奥行きがあることに初心者の時から注目しないと稽古する時間がもったいないです。

言葉も同じで、発話された際の音とか書かれた文字じゃなくて、語られてる言葉の裏にどういう意味があるのか。どういう意図があるかによって、ありきたりの「ありがとうございます」という言葉だって変わるわけですよね。飲食店のマニュアルとしての「ありがとうございます」と心の底からそう言うときと全然変わってくるわけです。それと似たようなものが型にもあって、サンチンで手を引いてくる動きひとつとっても、それがどういう意味を内包し、どういう意図なのかによって内実がまったく異なってきます。

中井 僕が「基本」だと思って伝えようとしていることが、できない人が多いという話をしましたが、それがエキスパートといわれている人だったりします。黒帯だし世評的には強いといわれているし、組んでみても弱くはないんです。

基本とは何か

中井　だから僕の言っている「できること」と強さは関係ないのかなとも思うんです。僕の基本の置き方が間違っているんだろうか。なんなんだろうなと思っていて。

名前を出すのは失礼かもしれませんが、たとえばヒクソン・グレイシーが合気道を習いに行ったら「基本がなっていない」と言われると思うんです。それは合気道という様式に則《のっと》っていないことだとするならば、さっき例に挙げた人も僕の様式で育った人ではないから、僕には「基本がなってない人」に見えているだけなのかもしれなくて。やや徒労感に襲われることがあるんですよ。つまり、これを勧めるべきなのかどうなのかと。

道場はいってみたら、いわば中井の流派ですから、知っていることを伝えるだけではあります。だとすると僕の提示する基本ができなくていいんだろうかと思いはするんです。「できなくてもいいんだよ」という答えと、「いや、ここをもっと伝えればもっとレベルが上がるんじゃないか」という気持ちとがないまぜになっている感じがずっとこの十年ぐらいあります。こういうことってありませんか？

光岡　まず私個人には「基本がない」と思っているんです。

中井　といいますと？

光岡　個人に基本がない。だけど空手には空手の基本があり、竹内流には竹内流の基本があり、韓氏意拳には韓氏意拳の基本がある。さっきお話した型を人格として捉える例になぞらえると、私は空手のサンチンさんから習得したい。そうするとサンチンさんの示す基本に忠実であることしかできない。その基本であれば、「私の基本」ではないから他の人にも伝えられる。

中井　確かにそうですね。

光岡　「私の」基本ではなく、「サンチンさんの」基本だから。それだったら私は他人に示すことができます。一章でも触れたことではありますが、やはり中井先生の考えを示すうえで重要だと思うので繰り返しますが、パラエストラでやる稽古というのは、ブラジリアン柔術にせよサンボ、キックにせよ、あるいはキッズクラスでの相撲にせよ、ひとつひとつを競技としてではなく、ひとつひとつの競技を練習方法としてみる。そういう考えがあるわけですよね。そうすると「サンボの基本」があるわけじゃないですか。

中井　はい、ありますね。

光岡　新陰流の基本はあって、それは光岡英稔の基本と乖離して存在しているから、私がその基本に忠実かどうかが問われる。光岡英稔としての基本も確かにあると思うんですけど、それはすごく個人的なことなんで。だから絶対に伝わらない部分があるんだろうなと思うんですよ。

中井　なるほど。うん、そうか。僕は高専柔道[*36]の基本をブラジリアン柔術の人にやらせようとしている面があるのかもしれません。だから通じないのかな。

光岡　だったら、その感覚はつかめないですよね。

中井　レスリングのことをＭＭＡの人に伝えようとしたりしているから、なんとなく覚えられなかったり、変な仕方になっちゃったりするのかな。あるいは「覚えられないな」と思ってしまうのかな。

　別に「あなただって基本なってないじゃん」と言われたらその通りなんですよね。「あなたのやっていたことも柔道じゃなかったじゃん」と言われたら「そうだった？　柔道のつもりだったんだけど」と、ちょっと心外な気持ちになりそうですけど。でも、そんなもんなんだと思うと合点《がてん》がいきますね。そっか。そういう意味で僕も基本はないんだな。

光岡　中井先生の基本は伝えようとしているものとは、別にあるみたいな。

中井　だからそういう齟齬《そご》が生じるように思うんですね。なるほど。そうかもしれない。

光岡　中井先生の提示の仕方がすばらしいなと思うのが、今のお話にありますね。先生は「伝わらないな」と悩んでいますけど、それがその人にいちばん必要なことだったりすると思うんです。感覚であったり動きの捉えどころ、勘どころだとか。その人が必要で、だからこそ苦手でできないところでもあり、それができるようになると飛躍するところを伝えているから、彼らはそれができないんだと思うんですよ。

中井　そうかもしれないです。

光岡　そこを埋めないとダメなんですよ。私の好きな話があってですね。メンデス兄弟[*37]がいますよね。彼らはブラジリアン柔術を始めてからずっと強かったんです。けど、ある時期から兄弟の先生が一切ガードポジションを取らせなくした。「スタンディングからテイクダウンしか練習するな」といって。それだとレスリングですよね。つい引き込みたくなるところを、「それダメ」といって、スタンディングからテイクダウンばかりを練習させた。

兄か弟か忘れましたが、それがすごく嫌だったと。だけど、後に「あの練習なくしてアブダビ*38とかで成績を残すことはできなかっただろう。あれで自分の柔術は飛躍的にうまくなった」と発言しているんですよ。だからそういうことを教える側は提示しないといけないと思うんですよね。本人はわからないけど、こっちがわかっている場合に、「それ必要なんだよ」って。そこをうまく通過すると、もっと先にすごく広い世界があるし、自分がいままでやってきたことを活かせる世界があるんだと。そういう教え方を中井先生はされているなと思います。

パラエストラの練習生に柔道の試合を控えた子がいて、だけどその子がダースチョークをやりたいと。上四方固めみたいな技ですね。中井先生が説明を始めた際、自覚しているかわからないんですけど、「柔道の試合だとこういう風になって抑え込みになる」とか、柔道でなくてブラジリアン柔術だと「こういう風に相手を抑え込める」とか、その子がやっている柔道につなげていった。そのような指導をされたという話を聞きました。まさにそういうことだと思うんですよね。要するにブラジリアン柔術のノーギとかギ（道着あり）の基本と、柔道の基本のふたつを知ってる人でないとできない。

中井　そう言われたら、そうですね。

光岡　その橋渡しができるんです。

中井　そうかもしれないですね。そうして、それを続けて自分のやり方を見つけてくれればいいなとは思っているんで。さっき「中井の流派」なんて言いましたが、僕自身は「流派ではない」とつい言いたくなっちゃうところがあって、まあ本人が何か作る気になればいいなっていうのはありますね。

光岡　中井先生はいくつもの理を扱えるようになってきているからこそ、まさに「総合」なんだと思うんです。柔道もレスリングも柔術も、どの基本もわかっていて、それらの橋渡しができる。そういう人はすごく貴重ですよ。やっぱり何かに特化したくなるのが人間の性《さが》です。専門性を絞ってそれだけにしたくなりますから。

中井　柔道の人に「寝技を教えてください」といわれると、少しイラっとする自分もいたりするんです。「寝技っていうけどさ、そんな一面的なものじゃねぇんだぜ」と感じる時もあるんです。「レスリングも知らないで何をいってんだ」と思ったりもしないでもない。そんなこと絶対にいわないし、教えることに徹しますけれど。

だけど、「柔道に役立つうえで切り取ったことを知りたいんでしょ?」と思ってしまう。「そんなの浅いぜ」と言いたくなっちゃう。もうちょっとでかいところから話をして興味を持ってもらって。もしかするとここじゃなくて、レスリングに行きたくなっちゃうかもしれないという危機が僕の教え方には内在しているわけです。橋渡しなのだとすれば、結局やっていくうちに、「もしかするとあっちの方がおもしろいかも」と思ったら離れちゃうかもしれない。離れちゃうかもしれないってこともわかったうえでやっているんですよ。

光岡　それが中井祐樹という人間の「総合」観ですよね。

死ぬまで練習していいよ

中井　「先生、打撃の方がおもしろそうだわ」で離れても「でも、それはいいじゃねぇか」と思うことにしています。こんなことを言ったら商売にならないんですけど。もしかしたらブラジリアン柔術じゃなくて、相撲だと花開く人がいるかもしれないのにブラジリアン柔術に押し込めていることが僕にはね、結構我慢ならないとまではいわないけど、なんか無理させてるなって思っちゃうんですよね。だからいろいろなものを提示して、「そっちの方がおもしろい」となっても、やむなしって思っています。なぜならここのフィールドを開けておけばいつでも帰ってこられるから。それが僕らができる唯一のことかなって思っています。

光岡　いや、すばらしい。本当の意味でそういう総合の思想を持っている人はいないんですよ。おそらく「総合」というと多くの人は「競技の総合」として理解しているんですよね。

中井 そう、狭い範囲なんですよね。だから剣術に行ってもいいし、「この格闘技は最高なんだけど体壊すから養生する方に行くわ」という人が現れるのも見越しているんです。

光岡 ノーギの方がいいとか。

中井 そうです。だからやめちゃうかもしれないことを前提とした指導というのもおかしいですよね。でも、それはやっぱり考えているんです。ここでは嘘をつきたくないと思っているんです。その人が本当に自分に合うものを見つけられるかどうかを助ける。ここの役割はそういうところじゃないかと思うんです。

みんなを僕のところに残すことだけを考えない。みんなを柔術に燃え上がらせて柔術に染めて、勝たせて「やったー!」で帯を巻かせて賞状を出してみたいな。いや、いいんですよ。素敵なことなんですよ。

でも、そうじゃないものがたくさんあるだろうと。ブラジリアン柔術も相当広いルールだと思うけど、ブラジリアン柔術のルールしかできなくなることになんか一抹《いちまつ》の不安があるんですよ。

光岡　武道をひとつのジャンルとして見ている人の話ですよね。私も武術をひとつのジャンルとして見ています。ジャンルとして捉えるなら、底から頂点までの全貌を明らかにしないといけない。「ここだけあったらいい」という考え方では、そのジャンル自体が成り立たなくなるから。中井先生の指導の仕方が道場でいい汗かかせて勝敗を競うだけにならないのは、おそらく人の生き死にに至るまで何か感じたところがあるからでしょう。

中井　そうかもしれないですね。だからこそ「死ぬまで練習していいよ」と僕はよくいうんですけど。文字通り死ぬまで今日やってもいいんだけど、どうせ死ぬまで練習するんだから別に今日じゃなくてもいいじゃん、という究極のダブルミーニングなんですよ。死ぬまで練習するんだから、今日はほどほどで明日もできるぐらいでよくない？　って。そういうのを是《ぜ》にしてるところはありますね。まだまだ教え方も変わると思うんですけど。

光岡　日々進化してますよね。

中井　だから僕自身がもしかしたら武術に向から可能性がなくはないと思うんです。

注

＊1　中国武術の鍛錬法のひとつ。様々なやり方があるが基本は特定の姿勢を維持して一定時間立ち続ける。

＊2　中国武術の流派。その強さから「国手」と謳われた達人、王薌齋が形意拳などを基に創始した拳術。王からただ一人拳舞を許された韓星橋と、その子韓競辰により伝承された系統を「韓氏意拳」という。

＊3　一八九二年—一九八二年。茨城県に生まれる。空手家。幼少より神道揚心流柔術、為我流柔術を学ぶ。大学入学後、空手を本土に紹介した船越義珍に師事。様々な武術を研究し和道流を創始。多くの門人を育てる。

＊4　『藤原喜明のスーパー・テクニック——最強の関節技全公開』（講談社、一九八六年）。藤原喜明による関節技の技術書。藤原喜明については本書第二章注2を参照。

＊5　『佐山聡のシューティング入門』（講談社、一九八六年）。佐山聡によるシューティングの技術書。シューティングの理念である「打投極」の技術を公開。二〇一八年に『佐山聡のシューティング入門 THE WAY OF SHOOTO——修斗　増補改訂版』（『佐山聡のシューティング入門』復刊委員会）として千部限定で復刊された。佐山聡については第一章注10参照。

＊6　ロシアの格闘技サンボの技。相手の片腕を巻き込み片襟をつかんだ状態で、自ら回転して相手の足を取り膝を決める非常に危険な技。サンボを日本に広めた功労者、ビクトル古賀に由来する。『サンボ入門——格闘技への応用手引き』はビクトル古賀の日本名・古賀正一の名前で、一九七七年にサンボアカデミーより刊行された。

＊7　『謎の拳法を求めて』（東京新聞出版局、一九七七年）。日本における中国武術研究の第一人者、松田隆智の本。松田は空手をはじめ、日本の古流武術を学んだ後、台湾、中国大陸に渡り中国武

術の修行を積む。本書は示現流、柳生心眼流、諸賞流、大東流合気柔術などの日本の古流武術の他、太極拳、形意拳、螳螂拳、八極拳、八卦掌など当時情報の少なかった中国武術を日本へ紹介した。「新版」が一九九二年、「改訂新版」が一九九四年（どちらも東京新聞出版局）と版を重ね、現在は『新装増補版　謎の拳法を求めて――武の人・松田隆智の足跡を辿る』として日貿出版社より刊行されている。

＊8　正式名称は「観世的真諸賞要眼狐伝流」。肘や足などによる強烈な当身で知られる柔術。座して行う「小具足」と立って行う「立合」が中心となり、それぞれの形が「表」「搦」「裏」「変手」「手詰」と五段階に変化する「五重取」の体系を有する。現在も岩手県で伝承。柔術のほか縄術、また無辺流棒術を並伝する。

＊9　一九二五年―二〇一五年。北海道に生まれる。三十八歳で大東流を学び始め、堀川幸道に師事。師範免許を得て大東流合気柔術六方会を主催し普及に努めた。

＊10　第一章注11参照

＊11　第一章注19参照

＊12　一九六五年ブラジル生まれ。幼少期からカポエラを学ぶ。現在はアメリカに移住しロサンゼルスで指導。カポエイラ・バトゥーキ・グループ設立者。映画「オンリー・ザ・ストロング」や「キックボクサー4」に出演し技術指導、振付などを担当。

＊13　第二章注16参照。

＊14　一九〇三年―一九八八年。福岡県に生まれる。武道家、中国武術家。幼少の頃から多くの武道を学ぶ。一九三一年、中国（満州）に渡る。北京で意拳創始者の王薌齋と立ち合うも敗北。その場で弟子入りを願う。敗戦後、帰国し王の許可を得て日本で太気至誠拳法（太気拳）を創始。明治神宮の敷地内で野天稽古をおこない教授。多くの武道家、格闘家に影響を与えた。著書に『実戦中国拳法　太気拳』（日貿出版社、一九七六年）。「新装版」が一九九八年、「新装改訂版」が

二〇〇七年、「新装増補版」が二〇一六年（すべて日貿出版社）と版を重ねている。

＊15　極真会館創始者、大山倍達の半生を描いた伝記的マンガ。原作：梶原一騎、作画：つのだじろう（第一部—第三部）、影丸譲也（第四部—第六部）。一九七一年から一九七七年まで『週刊少年マガジン』（講談社）で連載。極真空手の普及に大きな役割を果たした。

＊16　一八八六年—一九六三年。河北省に生まれる。中国武術家。実戦での強さから「国手」と称された。幼少から形意拳をはじめ様々な武術を学び、そのエッセンスを抽出し意拳を創始。趙道新、韓星橋、韓星垣、姚宗勲、王玉芳などの弟子を育てる。

＊17　佐藤嘉道『拳聖澤井健一先生』（スポーツライフ社、一九八二年）。太気拳の創始者、澤井健一の伝記。一九九八年に気天舎より復刊。また二〇一七年には同じく気天舎より『拳聖澤井健一先生——太氣拳開武七十周年記念増補版』が出ている。

＊18　一九四九年東京都生まれ。武術家、身体技法研究家。合気会本部道場に入門し山口清吾に学ぶ。その後、根岸流を前田勇、鹿島神流を野口弘行に学ぶ。一九七八年に武術稽古研究会「松聲館」を設立（二〇〇三年に解消）。日本武術の研究者として数々の著書を発表。多くの著名人とも対談を行っている。主な著書に『表の体育　裏の体育』（壮神社、一九八六年）、『剣の精神誌——無住心剣術の系譜と思想』（ちくま学芸文庫、二〇〇九年）、『古武術に学ぶ身体操法』（岩波現代文庫）他多数。光岡英稔との対談に『武学探究——その真を求めて』『武学探究——巻之二』（以上、冬弓舎）がある。

＊19　主に武道、格闘技等の関連書籍を刊行していた出版社。「月刊　空手道」「月刊　フルコンタクト KARATE」などの雑誌を出していた。「武術」ははじめ「月間　空手道」の別冊だったが途中から月刊誌になり、その後季刊。一二九号を以って休刊。

＊20　一九〇九年—二〇〇四年。北京に生まれる。幼少より武術を学び、意拳創始者王薌齋に師事。門下中の四大金剛力士の一人と呼ばれ、唯一人王先師の代わりに人前で拳舞を披露する事を許さ

れていた。韓競辰は四男。

＊21　『武学探究――その真を求めて』（冬弓社、二〇〇五年）、『武学探究――巻之二』（冬弓社、二〇〇六年）。

＊22　レスリングで、相手選手の両肩をマットに完全に押しつけてフォールすること。ピンで刺し留めるようにフォール（抑え込む）することからこの名称がある。

＊23　プロレス技のひとつ。仰向けの相手の両足を脇の下に挟み込んで抱え上げ、自分が回転しながら相手を振り回し、投げ飛ばす技。

＊24　第一章注16参照

＊25　一九〇四年―一九八三年。沖縄県に生まれる。後にハワイに移住。ハワイ相撲の横綱やハワイ柔道選手権者として活躍した後、タロー・三宅（三宅多留次）に出会いプロレスラーとなる。現役引退後は日本でプロレスのレフェリーを務める。晩年はハワイに帰り死去。

＊26　一八八〇年？―一九五〇年。東京に生まれる？　本名、谷幸雄。天神真楊流柔術や柔道などを修める。バーティツの創始者エドワード・ウィリアム・バートン＝ライトの招きでロンドンに渡ったとされ、主にイギリスで活動。身長一六〇センチ未満、体重六十キロ未満の体軀から「スモール・タニ」の愛称で知られた。

＊27　一八八一年―一九三五年。岡山県に生まれる。本名、三宅多留次。不遷流柔術や大東流柔術（武田惣角の大東流とは異なる）を修める。ロンドンに渡り柔術を指導。一九〇六年には谷幸雄と共著で『The Game of Ju-Jitsu』を刊行。後にアメリカに渡りプロレスラーとして活動する。

＊28　神道六合流柔術で知られる野口一威斎（潜龍軒）監修で帝国尚武会より発行。数百枚にのぼる技の写真が掲載。現在は『奥秘　柔術教授書　龍之巻・虎之巻・特科虎之巻　合本』（二〇一三年）の題名で八幡書房より復刻版が出ている。

＊29　第二章注1参照。

＊30　一九三八年？／一九四二年？―二〇二三年。イランに生まれる。本名、コシロ・バジリ。アイアン・シークはリングネーム。アマチュアレスリングの選手として活躍した後、プロレスラーとしてデビュー。ヒール（悪役）として一世を風靡した。

＊31　一九四九年アメリカ生まれ。本名、ロバート・ルイス・バックランド。学生時代はレスリングで活躍。卒業後プロレスラーになり、一九七八年から一九八三年にかけてWWFヘビー級王者として活躍。「ニューヨークの帝王」などの愛称で呼ばれた。

＊32　一九一七年―一九八四年。メキシコに生まれる。本名、ロドルフォ・グスマン・ウエルタ。リングネームの「エル・サント」は、スペイン語で「聖人」を意味する。メキシコの国民的英雄として知られ、ルチャドール（プロレスラー）として高い知名度を誇る。

＊33　スペイン語で「自由な戦い」を意味する、メキシタンスタイルのプロレス。メキシコをはじめ、中南米で非常に高い人気を誇る。覆面レスラーが多いことと、ロープワークをはじめとする軽快な動きが特徴。

＊34　ツボ（急所）のひとつ。肘を曲げたときにできる内側のシワの上、親指側にある筋肉の外側のくぼみ。日本の古流柔術にはこのようなツボ（急所）の知識が豊富にある。

＊35　「古の身体観と原初的な武の探究」を深めるため、光岡英稔が研究・指導を行っている国際武学研究会（I・M・S・R・I，International martial studies research institute）で学ぶ内容。

＊36　第一章注4参照。

＊37　ギレルメ・メンデス（一九八八年―）、ハファエル・メンデス（一九八九年―）。ブラジル生まれの柔術家兄弟。兄弟そろって幼い頃からブラジリアン柔術を学び頭角をあらわす。多くの大会で優勝し、現在はカリフォルニアで「ART OF JIU JITSU」を運営。後進の育成に励んでいる。

＊38　ＡＤＣＣサブミッション・ファイティング世界選手権（ADCC Submission Fighting World Championship）。略称「アブダビコンバット」。二年に一度、アラブ首長国連邦の首都・アブダビ

で開催されるグラップリング（組み技）の国際大会。すべての打撃は禁止。「寝技世界一決定戦」としても知られる。

第四章　死生観を考える

光岡　はじめて中井先生とお会いしたのは一章の冒頭で触れた通りですが、あらためての出会いについて振り返ると、何かやはりご縁があったのだなと思います。二〇一六年に、この本の中でも何度か話題にしているバートン・リチャードソン*1の来日講習会を私が企画しました。そこでバートンが「中井祐樹先生にお会いできないか」と私に尋ねてきたんです。「お会いして、できたら個別指導をお願いしたい」という要望でした。私としては、コンタクトは取れるけれど、この二人がただ会うのはもったいないから雑誌の「月刊　秘伝*2」に企画を提案したんですよね。

中井　そうでしたね。

光岡　そこでバートンの講習会のゲストとしてお招きした。それが始まりですね。ナイフディフェンスの練習の時にたしか中井先生と組ませてもらいました。

その後もバートンが日本に来る際、先生にお声がけして、個人指導をお願いしましたね。当時、岡山にあった私の道場で少し技術研究をしたりしました。その一連の流れから中井先生の格闘技や武道に対する考えやこれまでの取り組みに、とても興味深いものや共感するものがありました。そこで私の武術経験と中井先生の武道、格闘技への取り組み方の話ができればおもしろいのではないかと。それが今回の対談に結びついたわけです。

ブルース・リー魂の武器術 UNLIMITED
特別寄稿
バートン・リチャードソン来日講習会 随想記
現代社会における武への取り組み方
光岡英稔
国際武学研究会
見事に整理されたネットワークと無限のアクセス・ポイント

「月刊　秘伝」2016年3月号

一九九〇年代の総合格闘技界

中井　武術畑の人とは関係が薄いところもあったので、お申し出はありがたいことでした。格闘技をやってきた選手が現役でなくなったとき、わりとブラジリアン

JKD

JKD

柔術に流れてきちゃうんですよね。

　だけど別にブラジリアン柔術じゃなくてもいいだろうとも思うわけです。レスリングでも着衣でもいいだろう。あるいはもっと社会に役立つ方に行ったっていいんじゃないかという思いもあります。体が動かなくなった人の趣味としてはちょうどいいのかもしれないし、この分野を切り開いてきた自分としては、その流れはいいんです。いいんですけど、「みんな一緒じゃないか？」と思うところがあるんです。

「いろいろもっとバラエティに富んでいいんじゃないのと。もっといろいろな可能性があるんじゃないの？」と思っているんですよ。だから武道や武術を学んでいる人たちのやっていることが、格闘技界に浸透すればどうなるだろう。武道や武術のほうが、より幅広いものを志向しているから、そこにピースとして格闘技が入ってくるような路線を考えていたんです。とはいえ、あまり知らない領域ではあったので、光岡先生にナビゲートしてもらった感じですね。

　柔術にどっぷり漬かり過ぎた感じではあるんですけど、ここ十年間でいろいろなことをやってきました。選手育成についても一応成果は出したと思います。現在も育成は継続中ですし、世界のレベルも上がりつづけているので、まあそういう問題はあるのは織り込み済みで、今も挑戦しつづけています。

光岡　挑みつづけている過程ということですが、これまでの歩みについて、特に一九九〇年代からの日本総合格闘技の秘史についてうかがいたいです。

手始めにお尋ねしたいのは、中井先生はMMA（総合格闘技）前夜の初期のUFC（アルティメット・ファイティング・チャンピオンシップ）についてはどう思っていましたか？

中井　素手の殴り合いでしたから、「なんだこれ？」って感じでした。こんな格闘技は、そのうち廃《すた》れると思っていましたね。僕らはやっぱりスポーティーなMMAじゃなければいけないって思っていたんで。

とはいえ、そこが問題でもあって、僕が入る前の巷《ちまた》の評判は「シューティング*3は打《だ》投極《とうきょく》が全部あってレベルが高い」というものでした。でも入ってみたら、僕でも寝技だと全部勝てちゃう。何せ「待て」があるから。パウンドなしで抑え込むと、亀になって守るんですよ。*4それだと極められないんです。

光岡　グラウンドでの打撃はないから、そうなりますよね。

中井　それでブレイクになる。そういう時代だったんです。それもどうかと思っていました。要はシューティングは講道館ルールだったんです。七大ルールじゃなかったんですよ。*5ブレイクが早くて、それを「打投極」といっていた。結局のところグラウンドになったらつまらないから、すぐブレイクになったわけです。当時から「寝技が強い奴が来たらぶっ飛ばされるよ」と思っていました。

光岡　そこにグレイシー柔術が来たわけですね。

中井　「そら見たことか！」という気持ちもありましたね。グレイシーは大雑把にいうと、「北大柔道部と同じようなことをしている人たちでしょ？」と当時は思っていました。僕がもしグラウンドブレイクなしでぶん殴っていいのなら、ぶっ倒すでしょと思っちゃうんですよ。だからグレイシーにプロレスラーが負けるのも「そりゃそうだ」と思っていました。でも戦わなきゃいけないとなって、実際にやってみたらグレイシーの技術が高いこともわかりました。

光岡　以前にもチラッとお話をうかがったんですが、最初はエンセン井上[*6]を通じてグレイシー柔術を知ったんですか？

中井　そうです。僕が新設された大宮のジム（スーパータイガー・センタージム[*7]）に移ってからなので、一九九四年ですね。当時、大宮がいろいろなもののハブになっていて、そこにエンセン井上が加入した。

エンセン井上の「楽しい柔術」

光岡　どういう経緯で加入したんですか？

中井　売り込みがあったんです。パンクラスかシューティングで試合をさせてくれと。当時、エンセンはグレイシー柔術の青帯でした。

光岡　たしか彼はハワイでヘウソン・グレイシーに習っていましたよね。兄のイーゲン井上の方が先に習っていたはず。あの兄弟は当初はヘウソンの秘蔵っ子だったんですよ。余談ですが、ヘウソンがハワイで剣道をやっていたの知っています？　オアフ島で剣道を習いに行って、真面目にやっていたらしいですよ。

中井　そうだったんですか。意外ですね。ともかく当時のパンクラスはエンセンの申し出を黙殺して、シューティングが「いいよ。道場に来てみたら」と返答したんです。そうしたら中井という小さい奴とスパーリングさせられた。

光岡　中井先生がエンセンの最初のスパーリングの相手だったんですか。それは体格差もあったから大変でしたね。

中井　はい。エンセンにはクローズドガード[*8]を取るんですけど、ポンポン下からスイープ[*9]されて返されました。それと僕はつい柔道の発想で亀で守っちゃって、エンセンは「これだとバーリ・トゥードでは殴られるからね」と教えてくれました。「柔道でやってきたのは一体何だったんだ」と思いましたね。柔道は柔道のルールで寝技を追求したものだから亀は良い守りなのですが、それがバーリ・トゥードだとボカスカ殴られるし、いずれチョークを極められる。

光岡　やっぱり高専柔道[*10]とブラジリアン柔術だと守り方の発想が違いますよね。

中井　柔道だと殴られることへの技術体系が当然ながらありません。あと抑え込むことが中心だし、だからコロンコロン下から転がされました。

最初、グレイシー柔術を柔道の延長と思っていたけど、今の柔道や高専柔道の技術はバーリ・トゥードだと隙《すき》が多い。マウントとバックが全部取られます。だからこれは柔道とは全然違うものだと考えを改めました。

そこからエンセンとずっと練習するようになったんです。後にそのおかげで、僕が柔術家になっていく流れにはなるんですけど。エンセンは青帯だったから「青帯でこれなら上はどんだけなんだよ！」と思いましたね。

光岡　まあ、井上兄弟は初期の頃のシビアな判断基準でのブラジリアン柔術の青帯だと思いますから、けっこう強かったでしょう。ヘウソンは何だかんだいっても、井上兄弟やバレット・ヨシダ*11など、それなりの人をその時代に出してますよね。

中井　ヘウソンの家に住んでいたと聞きました。わりと深いところまで教わったんじゃないかと思うんですよね。だから僕のシューティング時代の技術にはグレイシー柔術も入っているんだと思います。まあ、グレイシー自体もいろいろなものがブレンドされていますし。

それにしてもエンセンは教えるのがとてもうまくて、おまけに楽しいんですよ。日本に向けてアレンジしていたのかもしれませんが、それがすごく良かった。

今のブラジリアン柔術には、「楽しく練習できる」という要素があって、それが柔術の根幹になっているように思います。実際、みんな楽しそうにやっているじゃないですか。そうなったのは、いろいろな背景があるけれど、エンセン井上由来の「楽しい柔術」であるのは間違いないと思うんですよ。

光岡　もし中井先生とエンセン井上がおらず、二人の出会いがなかったら、現在の日本の総合闘技界のシーンはこういうふうにはなっていなかった可能性は大いにありますよ。二人のイノベーションというか。それこそ修斗、高専柔道 meets グレイシー柔術じゃないですけど。二人のスパーリングの中で組技の最中に打撃を入れていく発想が、中井先生の中にも生まれていったわけですから、大宮の修斗はイノベイティブなことが起きた場所だったんですね。

中井　本当にそうです。大宮時代の何年かのうちにガラガラと変化が起きたし、いろいろなことがあったので不思議な感じがします。

光岡　そうなるとエンセン井上は日本の総合格闘技界のキーパーソンですよね。プロレスラーで後に総合格闘技の世界で活躍する桜庭和志さんも、中井先生と一緒にエンセンにブラジリアン柔術を教えてもらっていたとうかがいました。また、その経験から桜庭さんは後にグレイシー・ハンターになるための基盤ができたという話もうかがい、その頃から桜庭さんはグレイシー柔術ひいてはブラジリアン柔術への対策を考えていたとなると、彼の功績も腑に落ちます。

ところで中井先生は以前から「エンセン井上に対する評価が低いんじゃないか」とおっしゃっていました。いろいろな意味で格闘技界に対する歴史的功績がありますよね。

中井　はい。ですが、最近は事件があって[*12]、今はまた別の意味で評価しづらいんですけど……。

光岡　まあそうですね（笑）。でも、彼が日本格闘技界でなした役割、貢献してきたことが変わるわけではないですから。そういう意味でも、技術論的に何がどのように形成されたかについて追っていくことが、彼の歴史的功績の証《あかし》にもなるんじゃないかと思います。エンセンは当時、青帯だという話でしたが、たしか兄のイーゲンが紫帯だったんですよね。

中井　イーゲンは青帯の初代ブラジリアン柔術の世界チャンピオンですね。紫帯でもチャンピオンになっているかな。

光岡　だからハワイだとイーゲンの方が知名度が高かったですよ。ハワイで初期のバーリ・トゥードの試合をたしかイーゲンはおこなっています。

中井　そうでしょうね。

光岡　エンセンはコンペティションの柔術はやったことがありませんよね。競技の人ではないから。

中井　おっしゃる通り、ブラジリアン柔術もMMAもイーゲンが先行したはずです。

光岡　飛びながら殴る「スーパーマンパンチ」ってあるじゃないですか。バートンの話によれば、あれを最初にMMAで始めたのはイーゲンらしいです。あと、ラッシュガードを最初にノーギで着たのもイーゲンだそうです。

バートンは井上兄弟と仲が良くて、彼はイーゲンからブラジリアン柔術の黒帯をもらっているんです。バートンは前にも述べたように、ヒーガン・マチャド[*13]やグレイシーの人たちと一緒に練習していました。また二章で触れた中村頼永さん[*14]ともつながりがありました。中村さんが渡米後、シューティングからジークンドーに移り、イノサントアカデミーで稽古されていた際、バートンがダン・イノサント先生[*15]の師範代的な立場で教えていたんですよ。その縁《えん》で日本で最初に発売されたジークンドーコンセプトのビデオ「バートン・リチャードソンの截拳道テクニック」というビデオに中村さんが出ていて、受けを取っておられた。それくらいの間柄だったようです。

だからバートンと中村さん、エンセンがいなかったら、もしかしたらブラジリアン柔術、バーリ・トゥード、今の形のMMAは修斗協会を通じて日本に来ていない可能性があったのかもしれないです。私は一九九二年頃にバートンとハワイで出会うんですが、お互いどちらも武術バカだから意気投合したんですよ。

中井　いろいろな出会いが絡《から》んでますね。

光岡　感慨深いです。ハワイのオアフ島で井上兄弟はラケットボールが強かったのと〝ヤンチャ〟で有名でした。ハワイはコミュニティが狭いから、島が違ってもでかい日系人だし喧嘩っぱやいことでも有名でした。

中井　そうだったんですね。

光岡　日系&フィリピン系のルナ兄弟というのがヒロにいて、どっちかがイーゲンと喧嘩していたという話を聞いたり。まあそういう地元でも知られた存在です。お互いに黒歴史かもしれないからあまり本人たちは言わないでしょうけど（笑）。
　考えてみると、中村さん、バートン、エンセン井上、グレイシーと、全員が中井先生とすごく絡んでますよね。絶妙にハワイが関係しています。

中井　単純じゃないつながり方だけに、ちょっと不思議な感じがします。

真剣勝負のおもしろさを伝える

光岡　それだけに中井先生が以前、話されたことで印象的なのが、「エンセンは試合になると、どうしてああなっちゃうのかな」ということなんです。試合ではなぜかキレたり、暴走してしまう。あれだけ懇切丁寧にひとつずつ技を説明し実際にできる人が、試合だとどうしてああなるのか。
　その話をうかがって稽古と試合だとそれだけ違うんだと思ったのでよく覚えています。私もバートンを通じてしかエンセンを知らないんですが、バートンと中井先生から聞くエンセンと映像で見る彼の姿にギャップがあり過ぎます。いったいどうしてなんだと。気負わず普段通り自分らしく戦ったら実力を発揮できたでしょう。だけど、日本の格闘技史の功労者であるのは間違いないです。

中井　そうです。間違いない。僕らの力だけではブラジリアン柔術の寝技のおもしろさを伝えられなかったと思うんです。

たとえば北大時代の七大柔道[*16]をやっていた頃も、僕らは「すごくおもしろいことをやっている」と思ったけど、周りの人はそのおもしろさを知らなかったし、興味も持たなかった。

それがグレイシー柔術の到来と同時に「一緒に総合格闘技の世界を盛り上げていこう！　知らしめていこう！」みたいな動きになって、正直グレイシーの力を借りたのは事実ですよ。僕らだけでは真剣勝負のおもしろさ、グラウンドの重要さ、そして、それに持ち込ませないことの大事さを伝えられなかった。残念ながら、そういうことも彼らがいたからわかったことだし、世間に知られたことだし、それは否定してはいけない。僕らだけでは亀で守ることから脱却できなかった気がするんですよ。

光岡　エンセンを通じてブラジリアン柔術を肌身で感じたわけですが、中井先生も組技はレスリングや高専柔道の経験があるわけです。玄人目線で見られたところもあったと思います。そのときに何が一番ショックでしたか？

中井　そうですね。やっぱり下からひっくり返されたり、馬乗りになられたり、バックを取られたりとか、そういう技法がいっぱいあることでした。

あとクローズドガードからの技は柔道の場合、持ち上げれば「待て」になるのであんまり発展していなかった。クローズドガードは守るためであって、強豪を止めるためにする印象が強いんです。だから「あんまり巻くな」と言われていました。「巻く」というのは相手の胴に両脚を巻きつけることなんですけど、なぜそう言われたかというと、それだと勝てなくなるからです。

だけど、それは勝ち方を研究していなかっただけなんですよ。ルールを変えて、バーリ・トゥードのようになんでもありで戦えるとなったら、「亀になったらまずいよな」と思ったりはしました。とはいえ、そこに至るまでの基本がこんなにあるんだと、エンセンとの出会いがきっかけで気付きました。

光岡　高専柔道だと下から攻められる経験自体があまりなかったんですか？

中井　いえ、あります。下から引っ張ったりとか。でも胴絡みというか、クローズドガードの中に入って、それを解かなければならないという場面はあまりなかったです。クローズドガードを巻いていても、「巻くだけでしょ？　それだけだと勝てないよ」という評価だから、そこからの技術があまり研究されていなかった。

攻防技術の変化

光岡　高専柔道史という観点から考えたときに、たとえば足絡《あしがらみ》の技術が一時期、高専柔道の中ですごく発達したわけじゃないですか。だけど途中で禁止技になりますよね。この足絡を考えると、亀からの攻防から足絡にいくのがちょっと想像しにくい。片方が亀を返そうとするのではなく、どうしても向き合った状態で立って、来た相手の足を絡める流れが自然ではないか。昔の技術書にもそういう風に記載されているんですよね。

中井　映像が残ってないのでなんともいえないんですけど、七大学戦の試合時間は六分と八分なんです。先鋒から三将という十三番目の選手までが六分、十四番目の副将と十五番目の大将は八分。高専柔道はベーシック十分で、十三番目がからんだのが十五分、副将がからむと二十分、大将が最初は時間無制限です。それだと長すぎるということで一時間に、最後は三十分になりました。だから三十分も亀はできなかったんじゃないかと思うんですよ。亀は今より少なかったのじゃないか。亀の大発生は多分時間が短くなって、それを使えばある程度守れるということがわかってからじゃない

でしょうか。

光岡　岡山の旧制第六高校で開発されたという下からの三角絞め。あれも結局インサイドガードのトップポジションとガードポジション[*17]の攻防がある程度持続していないと、あの形に入ることがなかったんじゃないかと思うんです。そう考えると、もしかしたら高専柔道の技術も地域差があったのかもしれないですよね。「六高はこういうのが得意で、四高だとこっちが得意で」とか。それが少しずつ講道館寄りになっていって、やっぱり亀で守る。それを返せるかどうかみたいな流れが入ってきた。

逆に、現在主流の柔道が流入する前の方が、もしかしたらガードポジション的なものがあったんじゃないか。仮にそういうものがあったとしてもルールが変わると失伝するじゃないですか。今の柔道家も足を取られることに対してまったくノーガードでしょう。双手刈[*18]とか取られやすい柔道になっていますよね。ルールで禁止されているわけだから、どんどん総合的には武道としては弱くなっていく。そうなっても仕方ないのかもしれないですが。

中井　柔道時代に百キロ超えの「抜き役[*19]」と試合をしたことがあるんですけど、「四分は下でやって、四分は亀かな」と計算するんです。最初から亀だとリスキーだから。亀の堅さには自信があるんですけど八分はしんどい。最初四分くらいは下からさばい

て、危なくなったら無理せず亀になる。そうやって亀の活用を考えていました。だからでかいのが相手だからといって最初から亀になり十分なり十五分守る、というのは恐らくなかったのではないかと思いますね。

光岡　亀は一〇〇パーセント守りに近い態勢だから攻めができなくなりますよね。亀から前回りしながら後ろの相手の足を自分の足に絡めて、足緘や膝十字などの足関節にいけるなら亀からの反撃も可能でしょう。

抑え込み一本なしの組技でしたら亀からも攻撃に転じやすいですが、足関節なしのルールで亀の体勢から反撃するのはなかなか難しいですよね。あとは相手がバックから胴体を掴みにきた時の腕緘《うでがらみ》とか。やれる手は少ない。

中井　柔道ではその亀に対して強力な技が開発されて「亀取り」が発達してきたと思うんですけど、今はブラジリアン柔術の技術が大量に流入されていて、七大ももう柔術みたいな感じなんですよ。引き分けるチャンネルが増えた感じです。

前は一個か二個しか下の技がなくて危なくなったら亀みたいな感じだったのが、今はガードから仕掛ける技がたくさんあるから、どれか好きなものを選べるんじゃないかと思います。

ブラジリアン柔術を基礎におく理由

光岡　中井先生がいうクロスオーバーですよね。高専柔道とブラジリアン柔術という、ふたつの文化をクロスさせ始めた。

中井　こうなるまでに時間はかかりましたけど、七大なんかは完全に、ある意味では柔術をブレンドした柔道です。それが他大学まで伝わるといいなと思って、この十年ぐらいやってきました。それがついに全日本のトップにまで波及して、それこそ柔道のオリンピック選手やそれに伍《ご》する実力のある選手が近所のブラジリアン柔術の道場に通っているという話も聞いています。

パラエストラを作るとき、とりあえず一番基礎のところをブラジリアン柔術にしたんです。ＭＭＡは誰もができるわけじゃないけれど、ブラジリアン柔術はみんなができるはず。みんなができるところに着手して、だんだん他の欲求が芽生えた人が総合に行くと思ったんです。それは僕の二十代後半の若い考えではあるんですけど、柔術を軸にして総合を考えればいいんじゃないかと思ったわけです。

今はブラジリアン柔術専門のスクールがあるので、必ずしもこのマインドは共有されてはいないです。むしろ「ブラジリアン柔術ルールをそのままやろう」みたいなところがほとんどでしょう。僕みたいな考えは少数派だと思います。

僕の場合はグレイシー柔術と直接やり取りした世代なんで、それを活かしてバーリ・トゥードやMMAに進むという感覚ではあったんです。MMAは怪我のリスクもあるので、社会に広げるならブラジリアン柔術の方が良いはずだと思っていました。

時が経って、今はブラジリアン柔術じゃなくても良いのかもしれないと思い始めています。「ブラジリアン柔術の広げ方や、やり方をみんな見てきたでしょ?」って。こんな風にやっていけば、柔道だろうとレスリングだろうとキックボクシングだろうと、同じようにできるはず。昔はすぐしごいたり怒鳴ったりするところが多かったけど、今は超懇切丁寧だし、和気藹々《わきあいあい》としたところばかりですよ。そういうのも僕はけっこう最初に取り組んだんです。

そのときはコアな先輩からはボロクソに言われました。「おまえ、なんで弱い奴やオタクに教えているんだよ」って。でも今はそんなスクールが盛んになりました。

光岡　いろいろな人達にアプローチしやすいものになっていますよね。一方で、総合に向けてはどう考えているんですか。

中井　日本人選手がUFCを取ることで終わりだとは思わないです。

光岡　しかし、ひとつ通過しないといけない目標ですよね。

中井　はい。人がどうやってうまくなり、強くなり、そして偉そうになり、その人がいた場所から離れていくのか。そういうことも含めて、この界隈を見てきました。世界を取るには、だいたいこういう方向に持っていけるようにすればいいし、そうなるように考えるきっかけを作るようにしてきたつもりです。

僕が目の怪我をしたときに、一年半くらいその事実を伏せたのは、「これを今いっちゃうと総合がなくなっちゃうかも」と思ったからでもあるんですが、ここまで世間に浸透したのをみると、もうそういうことはないはずです。

ただ、ブラジリアン柔術もあまりにも愛好者寄りのルールになってしまったし、見ておもしろいものじゃないから大丈夫かな？　と思いはします。でも基本的にやっている人たちが満足しているから、なくならないとは思うんですよ。おそらく世界中のどこに行っても練習できる環境になっているので、もう心配ないとは思うんですよ。

光岡　そして、そのムーブメントの中でふたたび高専柔道に日が当たったというのは、中井先生の功績以外ないと思います。高専柔道という存在は、オリンピックに向けた柔道の普及と共に低迷していくという運命があったと思うんです。

だけど、そこに注目が再び集まり、総合格闘技やグレイシー柔術、武道との関係をちゃんとクロスさせて、その価値を提示しているわけです。中井先生は、「グレイシー柔術とも違うよ」とちゃんとおっしゃっている。中井先生のベースにあるのはレスリングと高専柔道で、そこをベースに様々なものを吸収していったら、誰にブラジリアン柔術を専門的に習うこともなく対応できることを証明してこられたわけじゃないですか。高専柔道があらためて見直される大きなきっかけになったんじゃないかなと思います。

　そこで高専柔道の形成の話をしたいのです。岡山六校で高専柔道を指導していた金《かね》光弥《みつや》一兵衛《いちひょうえ》*20は元々は起倒流柔術の師範で、今井行太郎に竹内流柔術も習っていました。金光が指導していた時代に団子《だんご》状態の泥沼戦が乱取りで起こり始めたんじゃないかと思うんですよね。武術の一回性を取り除き、互いにルールとそのルール内の技、術、技法を知りつくした者が乱取りをやってみると、大体の場合、きれいな柔術じゃなくて、ごたつくみたいなことが生じて、そこで寝技がどんどん発達していく流れができたと思うんですよね。

　江戸時代だとそれは生じなかったと思うんですよ。江戸時代は武家が支配していたので、武術はやはり刀を中心にしていました。柔術の発祥は対武器の技術が主流です。要は刀に対する技術、技法がメインです。それが武家社会が崩壊したことで、対刀として磨かれてきた技の中で失われたものがあって、さらにその時に残った技術も今ちょうど消えかけているのかなと思うんですよね。

体を動かせる喜びと豊かな世界

中井　でも、今は体の動きとかだいぶいろいろなことがクリアに説明できる時代になっていると思うんですよ。というのも、柔道も柔術もグラップリングもＭＭＡも史上空前のレベルまできていると思っていますから。「昔の方がすごかった」という人には困る話でしょうが、僕は昔にはいないし、木村政彦《きむらまさひこ》＊21の時代とか、それこそ「武芸者の時代は――」といわれたら、すみませんとしかいえないんですけど。

　でも「ご心配なく、今の時代の方がレベルは高いですよ」と言いたいんですよね。今の方が劣っていたら悔しいんですよ。僕はやっぱり基本的には徹頭徹尾、競技畑できたので、そういう意味ではスポーツの人になってしまいます。競争にならざるを得ない分野です。世界チャンピオンになるというのは本当に大変ですし、一人しかなれない。

　ということは残りの全員が敗残者になってしまう。でも、そんなのは豊かな世界ではないのも確かです。スポーツ競技で勝つのは大変ではあるけれど、体を動かせる喜びとか、体の使い方を知る喜びがあるのはとても重要だと思います。それを目標に置いて日々活動しているつもりです。勝たせるのも負けさせないのも健康にするのも、僕の中でもう同じなんですよ。できればそれを一致させる方向で貫きたいなとは思っています。なかなか難しいですけど。

光岡　武道を競技化するのは難しいことです。球技なんかとは違い、武道、格闘技は壊し合いの技術ですからつねにリスキーです。徒手《としゅ》で命を奪うまではないにせよ、相手の競技人生を終わらせるような技を互《たが》いに使おうとするわけですから。そこを指導者が考えていかないと、死なな くてもよかった場所で不慮の事故のために亡くなってしまう。

中井先生が武道家だなと思うのは、他の人はいざ知らずご自身が不慮の事故にあった場合、「死んだのならそれは必然だ」とおそらく捉えるからです。競技ではなく武道の目線を持つ人は、ある種の死生観がまだかろうじて残っていると思うんですよ。

ブラジリアン柔術もそうでしょうけれど、競技として洗練されてくるとゲーム性が上がってくるし、それに伴って攻略法が発展します。相手に反則させて勝つことも含めてゲームなんだというのは、オリンピックを見ていてもわかります。技術の向上と洗練度とルールの整備が高まると、そもそも何のための武だったのかが見失われてしまう。原点に戻して考えることが難しくなってくるんじゃないかなと思うんですよね。

中井 そうですね。

光岡 私は死生観という言葉をよく使うんですけど、日本の武術につねに存在していた価値観だと思います。競技は再現性がないと成り立たないですよね。試合のたびに片方が死んでいたら大変ですから。だけど、武術は一回性しかないわけです。それと競技は矛盾するわけです。

その矛盾を埋めるにはどうすればいいかと考えて、負けた方が切腹というルールにすればいいなと思ったことがあるんです。でも考えるまでもなく、それだと競技人口が減りますよね。というか、今の民主主義の世の中では当然無理です。ですからそのような中で、武術を学ぶとは、個人の死生に対する向き合い方がつねに問われることだと思っています。それがこの時代における武の価値なんだろうと思うんです。

中井 おっしゃる通りですね。

光岡 だから「命をかけてやります」という人がいると私は意地が悪いから、「じゃあ負けたら切腹するの？」と聞いたりします。口先じゃなくて本当に言っているのであれば、脇差は用意しますよ。命懸け、真剣ってそういうことでしょう。その話で思い出したんですが、ハワイで指導していた頃、真剣の上を飛び越して受け身をとる練習をしていたんです。

中井　刀の上をですか？　ちょっと怖いですね。

光岡　もちろん私がやってみせたうえですし、もし体が触れて切れそうだったらパッと引く準備はしていました。おもしろいのは、刀を横にしたら飛び越えられていた人も縦に置いた瞬間、飛べなくなったんですよね。高さは同じかさらに低かったりしても、刀が縦にあると串刺しになりそうで身体がすくむんでしょう。

中井　へー、そうなんですか。高さは同じでも。不思議ですね。

光岡　やっぱり怖いんですよ。現実的に死が近づいてきて、それを想像や想念にしてしまう。かといって気合いと根性と勢いだけで跳びこそうとしても刀に当たって斬れてしまうのがオチです。頭でゴチャゴチャ考えられなくなるわけですから、その考えられない状態をうまく用いて自分の想念より感覚を絶対的に信じていないと飛ぶのは難しい。

その感覚と動きにズレがないように、同時に自分の行動に神経質になり過ぎないよう自然体でないとできません。そういう少しクレイジーな練習をハワイにいたころはしていました（笑）。

中井　でも、それも死生観に関わることですよね。

光岡　あと道場にソードオフ・ショットガン（通常は違法の、銃身を短くした散弾銃）やハンドガンなどの銃を持ち込んだりもしました。もちろんブランク（空砲）ですけど。知り合いの武道家で潜入捜査官だった元警察官の方を招いて講習をしてもらった時に。彼がいうには犯人は銃器を隠せるように持っているものだと。そこで銃声だけする空包を込めておいて、彼が「好きに攻撃していい」と参加者にいう。すると、クリスという門下生が離れた間合いから木刀で切りかかろうとしたら、〝バン〟って隠し持った拳銃で撃った。そしたらクリスの動きが完全に止まるんですよね。自分の身体を見返したりして。銃社会だから周囲も銃の音がすると、ハッとなる。やっぱり銃声への条件反射があるんですよ。

元警察官だから犯人とのやりとりも経験をベースにしています。彼が言うには「現実はこんな感じだから。こういうことはあり得るから」と。じゃあ、そういうのにどう対応するのかを考えていこうということをやっていました。

中井　まあ、日本ではそんなことはできないですね。

光岡　できないし、アメリカでも普通の道場ではあまりやらないですから（笑）。

一度死んだ身

中井　死生観ですか。一回性でいえば、僕はあのゴルドーとの試合で死んでしまったということになりますね。そこから先は選手ではありながら指導者モードになりました。ブラジリアン柔術もなんとなく日本のためと思ってやったところもあります。

でも、結局はおもしろいからやっているんですけどね。前も言いましたが、自分がやっていれば周りも強くなるだろうみたいなところがあって、これはある程度そうだと示せたし、柔術も普及できたと思います。けれども、なんかまだ満足していないところがあるんです。まだきっと上手くなるはずだと思っています。

今日も二十代の柔道家と練習したんですけど、自分はまだまだうまくなるはずだとやっぱり思いました。「きっとこの先もある」ということを以前はあんまり感じなかったんです。でも今はこの先があると思うんです。こういうのもうまく伝えていきたいことなんですよね。これまでの格闘技の道場がやれなかったこともまだあるはず。僕ごときが言えることは本当に少ないんですけど。

光岡　シニア部門みたいなものはあるんですか？

中井　あります。ブラジリアン柔術は六十代前半ぐらいまで大会があります。今やっている人がやめないで続けていけばまだ増えるし、伸びていくはずです。

光岡　日本も世界も高齢者社会になってきていて、今後はますます高齢者が増えていくだろうから、もうちょっとこまめに競技柔術で戦える場があると、これからの社会形態に合っていておもしろいかも知れませんね。

中井　加齢とともに競技を続けるのは難しくなります。ただ全体的にはＭＭＡも五十代でやっている人もいるし、試合している人もいるぐらいなので、これをもっと一般化したかたちにしていくことも可能かもしれません。

光岡　ＭＭＡは加齢とともにきつくなってくるんじゃないですか。

中井　ＭＭＡの練習は全部ぶつ切りにして、ハーフガードの攻防とかやったりするわけです。他にもパンチだけ。あるいはパンチとタックルのつなぎ目とか。そういう部分に切ってしか練習することができないわけです。

だけど逆にそういう練習は年をとってもできると思います。また、いろいろな人が自分がやってきた武道なり競技なりと融合させたりすることができるから、そういう方向で今後は寄与できたらなと思っています。

現在も柔術やＭＭＡは技が進歩しているし、これまで見たことがないものも出てきています。そういうおもしろさを体験するなかで多くの人が日々の喜びを得られるんだったらそれが一番いい。そのために僕はやってきたんだろうなと思うんです。僕自身はまだまだ動けると思っています。動けるというのと戦いたいというのもあるんですけど。できることはまだたくさんあるんじゃないか。

光岡　中井先生の戦い方はもう全然変わってきていますよね。

中井　変えているところもあります。でも基本的には同じですよ。使う技は「今はこういうのできるかな？」と試したりはします。三十年間まったく使っていなかったけど、最近やっている技とかもあります。

光岡　そうなんですね。ところでブラジリアン柔術は手首の関節は取っていいんですか。

中井　白帯と子供以下はダメです。

光岡　青帯以上だとオッケーですか？

中井　スポーツ柔術の連盟は白帯からありじゃないですか。

光岡　それでも指を取ることはないですよね？

中井　ブラジリアン柔術では指を握ってもいい。ただ指関節を取ってはいけません。

光岡　そうなんですね。柔術に限らず、どの競技も指関節は禁止しています。そういう競技化によって、指関節に限らず、古流の柔術にあったさらに危険な技は、やり方や技術、技法が失伝していったんですよ。私はそういうところも残していきたいので、復興して稽古できるように取り組んでます。

中井　そうですね。やっぱり競技で扱えない技の探求は武術部門の方にお願いしている感じです。スポーツにしかできないこともあるんで、こうやっていろいろなことをできる人がたくさんいるといいんじゃないかな。どの分野でも「これがこうなったらどうなるんだろう」と考える人がいるはずです。そういう人たちがその疑問にスッと向かえるように横のつながりを作っていきたいです。

僕はずっとバカにされてきた

中井　最近、「武術を嗜《たしな》んでいるんだけど、ブラジリアン柔術もやってます」とか「武術と並行して総合格闘技の練習もしています」「柔道を始めました」という声をそこかしこで聞くようになっています。だとしたら格闘技界隈の人に向けても「いろいろやったらどうですか?」という言い方ができそうだと思っています。光岡先生との交流のおかげもありますが、どちらの界隈にも前より話が通りやすくなったように感じています。

光岡　中井先生は、ご自分の道場からサンボの選手や柔術、総合の選手を輩出しています。そうした多様な環境を作られているわけです。自身の取り組みについて納得のいく説明をされている方は、なかなかいないと思います。

中井　ブラジリアン柔術だけをやっていて投げ技の名人は出るのか。総合格闘技だけをやっていて打撃のスペシャリストは生まれるのか。そういうことをずっと考えてやってきたことも関係しているでしょうね。知らないうちに柔道や空手の世界チャンピオン、オリンピック選手とか、そういう人たちが僕らの仲間になってしまうという現象が起きました。

簡単に言うと、僕はずっとバカにされてきたんですよ。「柔道の弱かった奴がやってんだろう」とか「柔道崩れのオリンピックに行けない奴が総合格闘技をやっているんだろう」とか。そういうことを本当に言われてきたんです。

確かにそうですよ。オリンピックに行けるくらいなら、そっちに行っています。それはそうなんです。プラトンが言ったとされる、「不完全なボクシングと不完全なレスリングの結合がパンクラチオンである」という言葉。出典がちょっとわからないですけど、まあ総合はそういうふうに言われてきました。裏を返せば、総合は全部の競技が集まったものです。だとしたら、それは人間そのものじゃないか。

光岡　その「不完全なボクシングと不完全なレスリングの結合がパンクラチオンである」の出典元は、プラトンではなくプラトンの『国家』につけられた古い注に書かれていたもののようです。『プラトン全集8』を見ると「『国家』I. 338Cの古注には「パンクラティアステースとはパンクラティオンの競技を行なうものであって、このパンクラティオンというのは不完全なレスリングと不完全なボクシングとから成立っている一種の競技である」と説明されている」[*22]とあるので、いつの頃にか『国家』に付けられた注釈のようです。そしてこの古注はアテネのフィロストラトス（ピロストラトス）が書いた本『Heroicus. Gymnasticus. Discourses 1』の中にあった言葉のようです。またフィロストラトスは同じ本の中で「パンクラチオンは戦場で有用であったことから行われていた」とも書いていたようです。

フィロストラトスの「パンクラチオンは戦場で有用である」を、私は「様々な状況に多様に対応できる体系」と理解しています。それこそがフィロストラトスが考えた以上に、中井先生がやろうとしている「昔からは想像できないほど多様で複雑な現代社会の状況が展開しつつある人間社会の中で生き延びて行くための武道、格闘技＝中井祐樹の総合格闘技・武道論」のようにも感じます。人間は生きるために色々なことをする訳で、いわば多様に総合的に十人十色で生きているわけですから。

中井　道具をつくるのが上手な人がいて、料理が上手な人がいて、たぶんそれと同じで、結局は人間のやることですよ。そのうち総合の層が厚くなれば、「総合もすごい」とか「柔術もすごい」とかになるだけじゃないですか？　と思っていたけど、それを言うと角《かど》が立つから、結果で証明しましょうということでやってきました。

それでどうなったか。コナー・マクレガー[*23]がメイウェザー[*24]と10ラウンドまでいった。ボクシングのルールでUFCのチャンピオンがボクシングの世界チャンピオンと良い勝負をした。K－1のタイトルを取った。ラジャダムナン[*25]の元チャンピオンに総合の選手が勝った。そういうことが起きてしまうことがまあ一回や二回ではなく何十回もおきるようになったわけです。

総合が文化の簒奪を起こしている？

中井　こうやっていろいろ闊達《かったつ》に行き来ができて、なおかつ武術という伝統的な分野を守っていけるのが良いのではと思っているんです。

そう思っていたんですが、ある国の伝統的な武術をやっている人がいて、先日「その国ではポピュラーなんですか?」と聞いたら、「いや、日本でいう相撲みたいのものので、あんまりポピュラーじゃない。若い人はMMAとか柔術とかグラップリングに行っちゃう」と言ったんです。それを聞いたとき、もしかしたら僕らは「文化の簒奪《さんだつ》をしているんじゃないか」と思ったんです。総合の良さを言いたいがゆえに、「何をやっていたにせよ、それを活かして総合で戦えばいいじゃない」ということが、全体的に言えば、総合という発想が文化の簒奪を起こしているんじゃないか。

光岡　その象徴がアメリカですよね。バックボーンとなる伝統や文化がないので、要するに独自文化をどんどん形成していかないといけない。もうなんでもいいからとりあえず取り入れて、技術でも民族でも風習でもなんでも取り入れて、全部なんでもありでやろう。その発想の大本がアメリカという国の象徴になっているんですね。

中井　ボクシングもイギリスで成立したルールのはずなのに、アメリカの競技のように見えるし、MMAだってそうです。バーリ・トゥードでいったらブラジルだし、総合格闘技でいったら日本なんだけど、なんかアメリカの競技に見えるようになっています。レスリングもアメリカのスポーツに見えなくもない。これじゃアメリカの競技じゃないかというのは言いすぎなんですけど。それで良い面もあるから一概に悪いとはいえない。

ただ、「こっちの方が優れているからこっちにおいでよ」と、「他のものより良いから」といった余計な一言が入るがゆえに、元に戻れない現象が起きているように思えます。たとえばＲＩＺＩＮ*26の初期に、オリンピックを目指している選手が「総合ルールもやります」と転向した例がいくつかありました。結局、総合の人になってしまいましたよね。「あれ？　レスリングと並行してやると言ってなかったかな？」と思うんですよ。

僕は選手が魅力を感じてこっちに来たら、「所属していた団体の方は大丈夫なの」と聞くんです。やっぱり収奪はしたくないんですよね。むしろこちらから先方に何か返すぐらいのつもりでいるし、あるいは行き来できるくらいのつもりでいるんですよ。そういった発想が、ある世代からかなり欠落していて「総合だと柔術でもなんでもありだから、そっちで苦しい思いをしているならこっち来ちゃいなよ」というのが横行《おうこう》しています。心が痛いんです。

光岡　そういうドラフトが多発しているんですね。

中井　僕のところだとそういうことは起こりません。こちらの団体名は名乗らなくていいので、そちらの団体名を名乗ってもらったほうが逆にいいんです。わりとこれ見よがしにやっています（笑）。みんながあまりにやらないもんだから。何も僕が正しいし、みんなが間違っていると言うつもりはないんですよ。ただ僕みたいにしている人があまりにもいないから。

とはいえ正直、界隈に全然響いていません。僕はただの一人も引き抜かないでここまでやってきました。そろそろ僕の弟子筋がＵＦＣを取るけれど、その時に言ってきたことがわかってもらえるかなと思っています。「ＵＦＣを取るのにどうしてこれだけ時間がかかったかわかりますか？　引き抜いてないからだし、誰それを連れてきてうちの戦力にして勝たせるというのを一切していないからですよ」って。自然と選手がこちらに来ることはあっても、僕から声をかけて「来ちゃいなよ」と言ったことは一度もない。ただの一回もないですよ。死んでもやらないですよ。

光岡　中井先生はそこはまったく選手に自由にさせていますよね。

中井　なんでもありだけど、やらないことだけははっきり決まっているんですよ。無理に引っ張ってきたり、向こうの団体を悪様《あしざま》に言ってこっちに持ってくるとかは一切していません。

教えることの難しさ

光岡　教え方にも反映していますよね。以前、パラエストラ東京にうかがった時にたしかイギリスから来た若い方に、カーフスライサーという技を見せていましたよね。ただ、彼の足が長いのもあって、傍《はた》から見ていても手足の位置を間違えたりしてなかなかできなくて、彼はどうしても足を反対側に持っていっちゃう。私からしても「その足こっちに持っていけばいいのにな。足が毎回逆にきちゃっているから出来ないんだけど」と思いました。

その時、中井先生は、それが見えていないわけがないんですよ。もう全部見えているのもわかる。「でもあえて何も言わないんだな」と思っていたら、私が気にしていることを察知されたのか中井先生が「僕はこういう時に何も言わないんですよ。こういうことも含めて、本人が自分で見つけていくっていうことが大切だと思っているので。だから僕は何も言わないんですよ」とおっしゃった。

中井　自分でもなんでかわからないんですけどね。あんまりダメ出しして直さないんですよ。

光岡　裏を返せば、中井先生が何かを言う時は相当重要なことだというのがわかります。つねにガミガミ言っている人の言葉は誰も聞かない。だけど、普段何も言わないけど、「ここだけはちょっとこうした方がいいんじゃない」というのは、やっぱり職人の姿勢ですよ。

　私のところへ稽古に来ている人で、Yさんという人がいます。彼がある職人のところに刃物の研ぎを習いにいっていました。自分で研いだ刃を持っていくと、「これじゃあダメ」と言われた。研ぎ直して何度か見せたけど、何度も「ダメ」と言われ続けた。ある日の何度目かのダメ出しの後、「ちょっとお前待ってろ。良いものを見せてやる」と言われたそうです。奥にいって名工が作った刃物を出してきて見せた。その時にYさんは「あっ！」となったらしく、見た瞬間、自分の今までの研ぎのどこがどうダメなのかわかったそうです。そこを直して持っていったら、「ちょっと良くなったね」と言われたそうです。

　武道や武術をやっている人間は、どこかでそういう世界を求めていると思うんですよ。どこまで何をどう伝えれば良いのかとなった時に、本人が自分で発見することもすごく重要な過程です。でも、何がいいかを見せられないとわからないことも多々あります。その弟子の彼は「あのタイミングで見せてもらわなかったらわからなかった

と思う」と話していました。そのタイミングよりも早く「こうしなきゃいけない」と見せられたら気づけなかった。教える側がパッと出してパッと見せる。本当にわからないことと、その解き方を伝えるタイミングがあって、そこが合わないと伝わらない。伝えるのが早すぎたり、教え、伝えるタイミングを外してしまったり、何かを教えすぎない、伝えすぎないことや、教え足りない、伝え足りないことの難しさがつねにあります。

中井　私もそこはよく考えます。

光岡　中井先生の運営のされ方と教え方には、一貫するものがあります。相手を自分の価値観に引き寄せない。「こっちの道場に来い」なんてそうじゃないですか。アメリカ、日本でも武道界では生徒や選手を抱えようとしますよ。

中井　出自を忘れないで欲しいという考えがあるんでしょうね。それと、いつでも戻れるようにしてあげたいという思いもあったりします。うちのジムにずっといてもいいんだけど、武道から来た人は、元いた場所の指導員になるとかしてもらって、そうしたらその人の中にはＭＭＡとか柔術とか、グラップリングが入っているから、元の世界で異なることを始める人が生まれるかもしれない。

たとえば相撲から転向してきて相撲をベースにＭＭＡジムをやっている人はまだい

ない。そういう人が現れて、相撲界にも出入りするとか。そういう世界があってもいいんじゃないかと思うんです。そうすれば、もっとより豊かな社会になるんじゃないかと思っています。

注

＊1　第一章注19参照

＊2　BABジャパンが発行する「武道・武術・身体操法」の月刊誌。この講習会の模様は「月刊秘伝」二〇一六年三月号に掲載されている。

＊3　第一章注10参照。

＊4　主に柔道で用いられる防御技術。うつ伏せになり身体をまるめ、腋を締めて顎を引く。

＊5　第一章注5参照。

＊6　一九六七年ハワイ生まれ。日系アメリカ人四世の総合格闘家、プロレスラー。初代修斗世界ヘビー級王者。同じく総合格闘家のイーゲン井上は兄。

＊7　第二章注9参照。

＊8　柔術のガードポジションの基本フォーム。両足を組み、足の内側に相手を閉じ込めてコントロールする。初心者でも習う基本的な技術で、相手を自分の両脚の間に入れて動けないようにする。ガードポジションについては第一章注16参照。

＊9　第二章注18参照。

＊10　第一章注4参照。

＊11　第一章注1参照

＊12　二〇二四年五月二十三日、アメリカの郵便局から麻薬成分の入ったチョコレートを日本の自宅に発送したとして麻薬取締法違反の疑いで逮捕。七月三日、同法違反の罪などで起訴され、十月三日、さいたま地裁は懲役二年、執行猶予四年の有罪判決を言い渡した。

＊13　第二章注16参照。

＊14　第二章注13参照。

＊15　第一章注8参照。

＊16　第一章注5参照。

＊17　第一章注16参照。

＊18　柔道の技のひとつ。手で相手の脚を刈る技。現行の国際ルールでは使用が極めて難しい。

＊19　七帝柔道には相手に勝ちにいく「抜き役」と、引き分けを狙う「分け役」がある。七帝柔道については第一章注5参照。

＊20　一八九二年―一九六六年。岡山県に生まれる。幼少期に起倒流、竹内流を学ぶ。中学卒業後は武術教員養成所（大日本武徳会武道専門学校の前身。第一章注6参照）で柔道を学ぶ。大正期から昭和初期にかけて旧制第六高校で柔道を指導し、弟子たちと共に膝十字固や三角絞を生み出すなど高専柔道（第一章注4参照）の発展に大きく貢献。寝技の大家としてその名を知られた。

＊21　一九一七年―一九九三年。熊本県に生まれる。幼少期から竹内三統流を学ぶ。中学四年で講道館四段を取得。中学のOBであり拓殖大学で師範を務めていた「鬼の牛島」の異名を持つ牛島辰熊に見出され自宅の道場に引き取られる。以後、日本柔道史に名を残す活躍をする。「木村の前に木村なく、木村の後に木村なし」という言葉が残り史上最強の柔道家に押す人も多い。その生涯は、増田俊也『木村政彦はなぜ力道山を殺さなかったのか』（新潮文庫）に詳しい。増田俊也については第二章注6参照。

＊22　田中美知太郎・藤沢令夫編『プラトン全集8』（岩波書店、五ページ）

＊23　一九八八年アイルランド生まれ。総合格闘家。元ＵＦＣ世界ライト級王者。元ＵＦＣ世界フェザー級王者。ＵＦＣ史上三人目の世界二階級制覇王者。ＵＦＣ史上初の二階級同時王者。アイルランド人史上初のＵＦＣ世界王者。

＊24　フロイド・メイウェザー・ジュニア。一九七七年アメリカ生まれ。元プロボクサー。世界5階級制覇王者。プロ戦績五十戦五十勝で全勝無敗のまま引退。ボクシングの無敗記録を保持する。

＊25　ラジャダムナン・スタジアム。タイのバンコクにあるムエタイ、ボクシング専用の競技施設。ルンピニー・スタジアムと並び常設施設の中では世界最高の権威をもつムエタイ試合会場。

＊26　RIZIN FIGHTING FEDERATION（ライジン・ファイティング・フェデレーション。略称「ＲＩＺＩＮ」）。ＰＲＩＤＥを主催していたドリームステージエンターテインメント代表の榊原信行により、二〇一五年設立。総合格闘技のルールをメインとしながら、その他にも様々なルールの試合も行う。

第五章　これからの社会と武道

光岡　数年前、ハワイでマルセロ・ガルシア[*1]とバートン・リチャードソン[*2]の家で会い、話したことがあって、その時にガルシアがこう言ったんです。

「トップクラスの選手でグロスホルモンとかステロイドを使っていない、もっといえばブラジルやアメリカの選手で一〇〇パーセント使っていないことを私の口から断言できる選手は私だけだ」

トップクラスになるとドーピングがある種の常識で、ガルシアが言うには「ブラジル、アメリカのＢＪＪ（ブラジリアン柔術）では自分のライバルたちもそうだ。使わないと勝てないというのが当たり前になっている」と。

中井　もう、それありきで戦っているわけですからね。

光岡　マルセロは周りの選手に「逆になんで使わないの？」と聞かれるんだそうです。

「やっぱりそれは違うと思っているから、やらない方針でずっと戦ってきた」。マルセロはそういう考えで競技に取り組んできたわけです。〝この人とは話は合いそうだな〟と感じました。

強い選手がたくさんいる中で、なぜかマルセロが私のセンサーに引っかかっていて、自分でも「なんでこの人が気になるんだろう」と思いながらも、わからないまま彼のことを見ていました。まさかお会いするとは思っていませんでした。話をしてるうちに、なぜ彼のことが気になっていたのかがわかってきました。

中井　マルセロ・ガルシア選手がおっしゃっていることは、おそらくブラジルやアメリカの実情だと思います。だから日本

左からマルセロ・ガルシア、光岡、バートン・リチャードソン

は世界の舞台で勝ちにくいというのもあります。

光岡　「クスリを使わない」というマルセロの考えが日本では普通であって、彼の考えはブラジルやアメリカ、向こうだとイレギュラーなんですよ。

中井　ネットでもよく「入れている人間」はやっぱり強いというか、まあそれが当たり前だという認識でしゃべっている人が多くいて、そういうのを見るにつけ、本当に恥ずかしいです。だから同じ競技として扱われたくないくらいです。

光岡　マルセロが車を運転しているときにポッドキャストを聴いていて、そうしたらヴァンダレイ・シウバ[*3]がインタビューを受けていたそうなんですが、マルセロがその内容を教えてくれました。

番組でシウバは「ステロイドは完全に誰でも使えるようにオープンにした方がいいんだ。とにかく射つ射たないは個人の選択の自由にすればいい」と発言していた。まあアメリカやブラジルらしい話ですよ。「個人の選択の自由」でなんでも決めてしまう。

そうなると「そりゃそうだ」と賛成する連中と、少数派のマルセロみたいな人にわかれる。といっても世界の大多数が「なんでもあり」で、それがスタンダードになっていくでしょう。あとは薬物の規制を表向きには設《もう》けても、抜け道を使って薬物検査に引っかからないようにやる。もしくは規制に引っかからない薬物の開発も進むでしょう。
どんどん文明を発達させて化学兵器やテクノロジーを使って戦おうとしている感性の相手に、ドーピングをしないナチュラル派は竹槍で対抗するようなものです。でも、私なんか竹槍でミサイルに勝ちたい気持ちがありますね。

中井　そうですね。ここは本当に重要な問題です。だからこそ、そういう状況の中で湯浅麗歌子《ゆあさりかこ》*4や八木沼志保《やぎぬましほ》、澤田伸大《さわだのぶひろ》といった日本人のチャンピオンが誕生したことは、もっと取り上げられていいはず。どういう環境で選手たちが奮闘しているのか。そういったことをはっきり伝えてもらいたいし、僕はもっとまともなスポーツになるようにＭＭＡ（総合格闘技）も柔術もグラップリングも進めなきゃいけないと思っています。

外部に生命の持続を委託しない

光岡　一九九〇年代に私がハワイのヒロに住んでいた頃の話です。地元の高校の重量級でレスリング州のチャンプだったケビンという子が私の道場に来て、総合っぽい練習をしていたんです。ＵＦＣ（アルティメット・ファイティング・チャンピオンシップ）が始まったばっかりだったので、空手、ボクシング、キックに柔道、柔術、レスリングとか組み技を合わせてやるような感じです。

ケビンは身長一八〇センチ、一二〇キロくらいで、そのときはすでに大学生でした。技術的に強いは強いんですけど、レスリングのチャンプとは思えない、若いのにブヨブヨの体型でした。おまけに膝もすぐ外れるようなことになっていた。彼を道場に紹介した日系人のカイルという子がいたので、「昔からああなの？」と聞いたら、「いや、違うんだ」と。「あいつ、高校の頃に大会で優勝するためにずっとジュースを射ってたんだ」という。ジュースとはステロイドのことです。高校の三年間、ケビンはずっとステロイドを射つことで勝っていた。

当時、高校ではドラッグテストがなかったんでしょう。だからブヨブヨの体型は副作用なんです。ステロイドを摂取して筋トレをしない限りはそうなってしまうし、いずれ副作用なども出始める。ステロイドは腱や関節、骨を強くしたりするわけじゃないから、使っている筋肉が保《たも》てなくなると膝がかくんかくんになって、そうなると膝が自分の体重を支えきれない。そういう現象を目の当たりにすると、「アメリカって狂っているな」としか思えない。だけど、勝つためには黙認されるわけです。高校生がステロイドを射って大会優勝することが別にイレギュラーでもない。

中井　たとえば日本の高校の柔道部の部員が大会に勝つためにステロイドを射っている。それが常識と考えると異様ですよね。日本はナチュラルが染み付いている国なんだなと思います。

光岡　これはあくまでも個人の考えですけど、私自身は基本的には医者に行かないし、ここ十年以上は病院にも行かないし、薬も飲まない。病気にやられても人間にやられても、やられたことには変わりないと思う気持ちが強いんです。別に対人だけで考えているわけではないんです。環境や時代状況、ウイルスにやられたとしても、それは自分の負けです。あらゆる段階での勝負事であるので、そこを我が身ひとつで生き抜いていくことが、私の武術観であり、死生観、生命観でもあります。ただ、この考えを他人に強《し》いるわけではないんですけど。

なにもステロイドに限った話ではなく、自分の生命や身体が持つ力だけで生きていけます。もちろん食べものありがたくいただくし、空気があり水があり人間が生息できるような周囲の環境には感謝しかありません。

ただ、自分の生命を保つうえで外部に私の生命の持続を委託しないといけないことは最小限にしておきたい。ひとつの生命として自立して自分として生きていくことをなるべくしたい。現代的な化学療法や、近代医療以外のオルタナティブ・メディスンを用いた治療法を受ける人がいるからといって責めるわけじゃないし、それが悪いと言っているわけでもなくて。私にとってそうしない方が自然な感じがするからそうしているだけという話です。

私は癌だろうがなんだろうと、我が身ひとつでそれと向き合っていくと思うんです。それが自然だと光岡英稔が感じているから。マルセロ・ガルシアなども相当なナチュラル派ですが、彼ですら私の話を聞いて「それはすごいけどボクはできない」とおっしゃっていました。

中井　先生はにこやかにおっしゃられますが、重い告白だと考えさせられます。

人生は時間無制限の勝負

光岡　格闘技やブラジリアン柔術、グラップリングなどの世界で中井先生の発想は「ステロイドでもグロスホルモンでも使えるものは何を使っても勝てればいい」の真逆の考え方ですよね。最近、アブダビ[*5]だったかゴードン・ライアン[*6]が出ていた試合があったじゃないですか。

中井　ＡＤＣＣサブミッション・ファイティング世界選手権（略称アブダビコンバット）ですかね。

光岡　その試合までのバックステージの映像の様子がＳＮＳかなにかで流れてきたんです。初日はペナというブラジルの選手と対戦して、右足をずっと狙われた。それでゴードン・ライアンが膝の靭帯を負傷したんですが、その対応がおもしろい。医者に行って鎮痛剤とステロイド系の三種類ぐらいの薬物が必要なんだけど、看護師が「これは腎臓病で死にそうな人の治療で使う薬なんだけど使いますか？」とゴードン・ライアンに聞いているんですよ。で、彼は「それを射ってくれ」と。注射して次の試合に出て確かに勝ちました。

おそらくステロイドの影響か、彼はまだ二十九歳なのに髪の毛が真っ白なんですよ。肌のハリやツヤは実年齢の倍には見えるけど、筋肉だけが発達していて。だからマッチョなお爺ちゃんに見えます。でも彼はアメリカのグラップリング、格闘技界ではすごいスーパースターだから、病院に行く途中でもみんなが寄ってきたら一緒に写真を撮るなど、ファンの前だと片足を引き摺らないように頑張って歩いていた。すごいプロ根性だとは思いますが、結局行き着く先が薬物なので、「あなた本当にそれで大丈夫？」と聞きたい。「薬物を使って身体をボロボロにして勝つよりこのあと二十年、三十年とか柔術できたほうがよくない？」と。

中井先生は競技が終わった後も人生があるし、時間無制限なんだという対極的な考えがあるわけです。ゴードン・ライアンやクレイグ・ジョーンズ[*7]は命を縮めてでも競技に勝つ。ステロイドはブラジルだと町中の薬局で買えますからね。アメリカでも、どこのジムでも誰かが購入先を教えてくれます。しかし、この「なんでも公にすれば許される」という風潮の弊害《へいがい》もあります。社会が欧米化していく中で、様々なことを闇雲に隠すよりは良いかも知れません。でもそれは逆に「どれだけ間違ったことでも公にすれば許されるだろう」という態度に繋がりかねず別の問題を生み出します。態度も含め、影響力のある人が「なにをどうするかのか」を示すことが重要だと思います。

中井　人間は百二十五歳まで生きられる可能性があるらしいですよ。その歳までやるにはどうしたらいいかと考えると、僕は今のスタイルにならざるを得ないです。時間三分の世界だけでやっていたらすぐにクラッシュしますよ。僕は怪我をするわけにいかないので。だいたい一年後までスケジュールが決まっているんで。

光岡　極められそうになったら無理せず、頑張らずタップするって言ってましたよね。

中井　僕はタップ早いですよ。めったにしないですけど。練習中に技が入ると無理をせず、すぐする方ですよ。

現状のMMAや柔術はタイトル戦までいくとドラッグテストも厳しいとはいえ、わりと通り抜けられるところもあります。MMA選手と比べて特に柔術の選手は大変な道を歩いていることだけはわかってもらいたい。そんな海外のモンスターたちと日本選手は戦っているんですから。

光岡　日本以外だと射つ射たないの選択よりも、勝利を優先する価値観が重視されるんじゃないかなと思うんですよ。世界から見ると日本が変なんです。

一九九〇年代から二〇〇〇年代に一世を風靡《ふうび》したK―1やPRIDE、UFCなど様々な格闘技の興行では、ステロイドとか凄くルーズだったんじゃないでしょうか。特に初期の頃はまともにドラッグテストをおこなっていなかった。勝ち上がってくる選手、ミルコ・クロコップ[*8]やマーク・ケアー[*9]、マーク・コールマン[*10]からヴァンダレイ・シウバまで、名前を上げればキリがないですが、プロ選手は昔からやっていることは暗黙の了解だった。

中井　各団体ともドラッグテストはタイトル戦ぐらいしか厳密にやられてないんじゃないでしょうか。今は「UFCに上がると時々検査が抜き打ちでされるようなって、だから昔の選手は急に弱くなったんじゃないか」と言われてはいました。

光岡　確かにドラッグテストが始まってから、急に弱くなったり、大会に出なくなった選手がいましたよね。

中井　日本で活躍した外国人選手も、ドラッグ検査がおこなわれるようになったUFCの契約選手になったら、「あれ？」みたいなことはありましたね。真実はわからないですけど。

でも、一方で日本の団体で活躍した外国人選手は本国に戻ったり、あるいはアメリカに行ったりするとけっこう強くなって上位にランキングされた人も多いですよ。アンデウソン・シウバ[*11]がそうですし、イリー・プロハースカ[*12]というRIZINに上がっていたチェコの選手がUFC世界チャンピオンまでいきました。その後、負けて転落し再起するという展開がありました。

昔のプロレスでは「日本帰りは出世する」という言葉があったんですよ。来日して戦う経験をすると、本国に帰ったらけっこう良いレスラーになるという例がわりとあったんです。きめの細かさみたいなところに目が向くんでしょうかね。なんだかんだ言って、日本の観客は、細かい攻防に拍手してくれたりするところもあるし。そういう経験が作用したのかもしれませんね。

光岡　それもナチュラルを尊重する土壌がもたらしたのかもしれないです。海外の選手は、日本に来るの好きですよね。選手に対するリスペクトがもしかしたら他の国よりあるのかもしれない。ただ、K−1やPRIDEの時代に日本も薬物に関してはおかしくなったようです。あの時代にはそれが合っていたんでしょう。

中井　そうなんですよね。ヨーロッパの選手なんか特にそうです。日本は武道を尊重するから、そういうリスペクトが働くのだと思っている人もいるみたいです。だからなのか海外に行くと「武道をやっている」と言った人は、すごく尊敬されるんです。そういうのを聞くと、「でも、言うほど普及してないんだけど」と思いますよね。クラスに一人いればいいほうですよ。ぜんぜん武道の国じゃないし、野球とサッカーの国だけどなというのが実感です。

負けないことに強い日本人

中井　話が少し戻りますが、僕もどちらかというと「竹槍派」です。ナチュラルでこの戦いに打ち勝ちたいですね。ステロイドを是《ぜ》としている人たちには「おまえらのやっていることって、結局は健康を壊していることになるんだぞ」という方向にもっていくしかない。そのためにも練習法を変えなきゃいけないこともあるでしょう。

光岡　ナチュラルで勝ちたい発想とつながるかもしれませんが、ステロイドでもなんでも「これをやっているから私は強くなっている」というのは外部に依存しているわけですよね。そういう強さを委託する「これ」がなくなったときのことを考えると、武器と素手の関係に似ていると思うんです。

私はいろいろな武術をやってきて、武器ももちろん使えるし、武術の一側面として様々な武器や兵器も好きです。けれど徒手《としゅ》にこだわるのは、戦いの場で武器を落とす可能性や無くす可能性がゼロではないからです。可能性がゼロじゃない限り、徒手で戦わないといけない状況があり得る。相手は武器を持っているかもしれないし多人数かもしれないけれど、こちらは徒手で一人という場合もあるわけです。

圧倒的不利な状況で、どうしようもない状況で、そこでどうにかするというのが武術的な徒手の発想です。そう考えてみるとステロイドを射つのもある種の武器です。「それがないと私は勝てない」「これを無くしてしまうと私は戦えなくなる」という心理になってしまうとしたら、それ自体がすごく弱さを内包させてしまうことになります。それがないと自分が弱くなってしまう感じがする。一種の依存性のような状態です。

そういう話をマルセロとしていたら、彼も「気づいてなかったけど、自分もたぶんそういう考えで射たないという選択肢をしてたのかな」と言っていましたね。「何かに頼らないと自分は勝てない」という強迫観念があって、それで勝ったとしても、それは本当の強さのかなと思いますよね。

中井　ブラジリアン柔術のチャンピオン達に敬意を払う気持ちはあるけれども、ステロイドありきだとしたら、まあそれは本当の強さじゃないと思いますね。嘘であって欲しいくらいです。

今のお話を聞いてなるほどと思いましたし、だからこそ「日本ウェイ（日本的なやり方）で世に出ていく」といいますか。戦っていくってことをしたいな思います。道場のあり方にしてもそうだし、日本だからできることがあるはずだというふうに思ってます。それは僕の今後の課題でもあります。柔道がこれだけ世界に広がったという事実もあるし、日本文化の強さが何かあるのかもしれない。

光岡　日本人は勝つことには得意じゃないし、弱いかもしれないけど、負けないことには強いんじゃないかなと思うんですよ。

たとえば高専柔道[*13]で寝技が発達したのは実力が拮抗《きっこう》したとしても泥沼戦に持ちこんでなんとかしようという発想からですよね。その源は「負けないことには強い」という粘り強さが根っこにあるのかなと思うんです。それがいい側面に現れると、拘《こだわ》ることで伝統工芸、作刀、大工道具を作るような職人の気質につながっていく。粘り強さが裏目に出ると間違ったことへの執着になり「番町皿屋敷」とか「四谷怪談」のような、ドロドロした情念や執念の世界になる。同じ粘着質ではあるけど、現れ方や表現のされ方が違ってくる。

中井　ああ、それは確かにあるかもしれないです。勝つ強さよりも負けない強さ。高専柔道は比較的新しい部類の武道ですし、明治末から大正にかけて誕生したので、伝統と呼べるかは微妙ですよね。だけど、しのいで引き分けることによって次につなげるというのは、やっぱり引き分けが文化的な価値として認められているからで、そこは「負けない強さ」に結びつくのかもしれないです。

僕もある程度、そういう文化に身を置きましたから、ボロ負けしないとかやられないとか。そういうところに重きを置くと、なんだか頑張れるんですよ。身体的に抜きん出ていない者の戦い方なんでしょうね。

絶対的に不利な状況でどうするか

光岡　それと関係してくると思うんですが、三章でピンフォール[*14]について話題にしましたよね。それをあらためて考えると、日本ウェイについてまた別の角度から話が進められると思うんです。中井先生は以前から「レスリングはマットに背中をつけてフォールさせる技術であって、関節技がそこから生まれるのは想像できない」とおっしゃっていました。

中井　はい。

光岡　じゃあレスリングの関節技は欧米に渡った柔術家の影響じゃないか。柔術の技法をレスラーたちが吸収してサブミッションっていうのが生まれた。そこまではお話しました。

中井　そうだと思います。

光岡　ピンフォールで勝敗が決している中で関節を取る意味はないので。

中井　ピンフォールで抑え込めているわけですからね。選手の中でも抑え込んでポジションを取る方が得意な人間と、極めるのが得意な人間、もっといえば殴るのが得意といったようにだいたいわかれているところがあるんだと思います。ポジションが得意な人間と極めるのが得意な人間はなかなか一致しないですよね。そうなると違う身体文化がそうさせるんだろうなと思うんです。

光岡　そうですよね。ピンフォールで勝敗が決するということは〝コントロールできている方が強い〟といった価値観や感性ですよね。

中井　だからポイントばっかり取る人もいれば、一本ばっかり取る人もいる。これも一致しない。それができるだけ一致するようにすると、世界が深くなるんだけどな。そう思っているところはあるんです。

レスリングの組み伏せてピンしたりコントロールする文化は必要ではあるんですけど、投げられたら、抑え込まれたからといって必ずしも負けなわけではない。「抑え込まれたら脱出して、そこから取る方法だってあるでしょう?」っていうのが日本ウェイだと思います。これ、やっぱり柔術だと思いますよ。背中をつけたところが負けになる文化のはずだけど、実際は仰向けになったところから戦うことができる。負けたところから戦うスタイルを生み出したのは日本なんだと思います。日本じゃないと生まれなかったんじゃないですかね。

光岡「絶対的に不利な状況でどうするか」が問われているわけです。その発想は武術的です。

中井　現状、総合格闘技では寝技の出番は極端に少ないです。それでも「寝かされたらどうするか?」については、みんな対策をしていて、だから、みんな柔術をやっているわけですよ。何かしら練習に組み込まれている。そういう意味では柔術の勝利だし、ある意味では日本ウェイが世界に広がったとも、勝負を制したとも言えるんですよ。

光岡　確かに、柔術の技術と思想はもう完全にMMAには浸透しちゃってます。

中井　しちゃいました。柔術は少なくともMMAなどの競技の世界だと、できない人がいないくらい溶け込んでいる。

光岡　それらの技術を知らないで勝てるかというと、もう無理な時代です。そういう段階はMMAではとっくに過ぎています。

中井　だからこそ柔術じゃなくていいだろう、というのが最近の傾向でもあります。最近の選手だと、「やっぱりサンボだよ」と言っていたりします。クレイグ・ジョーンズとかヌルマゴメドフ[*15]もそう。うちの道場にもサンボに活路《かつろ》を見出している人がいます。

僕は目のつけところがいいなと思うんだけど、それは「みんな柔術はやっているだろう」ということが前提です。柔術はみんな学んでいるから、そこで差がつきにくい。じゃあ、その差をどこに求めるかとなったら、レスリングでもいいんだけど、サンボの方がより発想が豊かなんですよね。自由な柔道って感じなんです。柔道はやや様式が固定されます。「ここと ここを持ちなさい」という制約の中で投げる力をつける文化ですから。そうすると、ものすごい実力者が出るんですけど、やっぱりこれもシステムですね。

光岡　そういう試合形式の中で発達した稽古方法と技術ですよね。

中井　はい。襟なり袖を持ったら柔道家にはかないっこない。でもサンボだと「どこを持ってもいい」となるので、独創的でダイナミックな技が生まれる可能性がある。だから様式を決めないことも、ときどき強さを生むこともあって。そこで「サンボ的なものが好きなの？　柔道的なものが好きなの？」とわけてしまうのではなく、どちらにも行けるようなやりようがあると思うんです。

光岡　バックボーンは必要じゃないですか。中井先生だと柔術がそういう違うものを行き来できることを可能にさせたんじゃないでしょうか。

中井　そうですね。

光岡　「最悪の状況から初めてもオッケーです」がひとつのベースで、そこから発展させて足関節に移るなり、打撃に移るなりしてきたわけですよね。

中井　そういう発想でずっときました。

光岡　だから、それこそ武術の流派とかサンボなりブラジリアン柔術の練習方法が養《やしな》ってくれる内面性、その流儀に必要な身体の性質みたいなものへの注目を深めていく

ことが大事なんだと思います。私はそれを身体観、武術観としています。表面的な動作ではなく動きの質ですよね。

それこそブラジリアン柔術で腕ひしぎ十字固めを三人の世界チャンピオンに極められたとして、同じ感じで極められるかというと、おそらく十人十色でしょう。まったく別の性質がそこにあるということを練習方法や稽古法で養えるわけです。そのベースラインが、人それぞれの個性の根っこの部分になったり、あるいはその人らしく技を展開することになったりするんじゃないでしょうか。

中井　そうですね。何をしたって総合格闘技のどれかの練習になったりするんだから、別に柔術じゃなくたっていいんじゃないか、とは言えるんですよ。どっちみち柔術的なものにはなるし、やっていく中でレスリングなのか相撲なのかストライキング（打撃）なのか。それらの融合をはかって、どう対処するかになってくるんで。全部そうなるから、いずれはうちみたいな発想になるはずなんですよ。

僕は寝技主体の高専柔道とかブラジリアン柔術を良いと思ってやっています。やっているけれど、総合だから何をやってもいいはずなのに、多くの人は、なぜか自分の得意なことしかやっていない。そうなるとじつは運動としては大した広がりがないんです。それで「肩痛い、腰痛い」になってくるんですよ。そういうのを数かぎりなく見ているので、立つことも大事。やっぱりバランスですよ。

寝技を得意とする人たちが腰椎《ようつい》すべり症で何人も消えてしまったのを見てきて、「あ、寝技なんて言い方をしていちゃダメだ」と思ったんです。だから僕はこの十五年ぐらい寝技という言葉をなるべく言わないようにしているんですよ。大道塾[*16]の「寝技クラス」も長らく担当していて、始まる前は「寝技クラスを担当します」と言うんですが、終わったら「組み技クラス終了」と言っています。やっぱり総合なんで。限定に対する僕のささやかな抵抗です。

格闘技は怖いもの？

中井　外からの限定されたイメージの問題もあって、やっぱりその辺を歩いている人たちは格闘技に対して怖いと思っているわけですよ。だからスパーリングとかそんなことを表に出したら……やっぱりそういうのをキャッチとして出すのは、ちょっともう現代的ではないと思うんです。

光岡　最近の流行である BreakingDown[*17]（ブレイキングダウン）の影響もありますよね。ケンカ＝格闘技＝暴力的なイメージが先行し、そのイメージが一般化すると、人はそれを試合など離れたところから見るとしても、やる側には回らないと思います。少なくとも多くの親は自分の子にやらせないでしょう。たしか中井先生はケンカとかしたことはなく、ご自身でケンカは強くないとおっしゃっていた記憶があります。

中井　はい。ただBreakingDownは、あれで格闘技人口が増えてる面もあるからなんとも言えないけど。朝倉未来選手に憧れて「コノヤロー」といきたい人もいて、そういう人たちと僕らがやっていることをどうブレンドしていくかというところもありますよね。格闘技といえば威圧的に相手に向かうものだと思っている人もいるので。

光岡　だけど朝倉未来選手と比べると、総合格闘技の試合に関していうなら中井先生のお弟子さんの青木真也さん[*18]の試合の方が全然ひどいですよ（笑）。相手の腕を平気で折るところなど、今の選手がどれだけ悪《ワル》で売り出していても可愛くみえます。また、それより体重差ありの総合ルールで目を抉《えぐ》られても続ける人の方が悪《ワル》か悪《ワル》じゃないかとかのレベルでは測れないほどぶっ飛んでますよ（笑）。

中井　やっぱり基本的に世間の人は怖がっていると思うんですよ。パラエストラの最寄りの新江古田駅で「スパーリングしましょう」とプラカードを持って歩いても、誰も興味持たないし、絶対に道場に来てくれないです。

光岡　それはそうですよ（笑）。

中井　スパークリングワインの試飲と間違わせて、騙して連れてくるのが関の山ですよ（笑）。「飲めるのかしら」と思ってきたらスパーリングで。スパーリングという言葉もどれだけ言ってないことか。「セッション」とか「マンツーマン」とか、「レッスン」とか言っているんです。「クラス」も硬いなと思って「レッスン」と言っています。言い換え大好きなんで。「レッスン」というような英会話のクラスに見えるようにしているんですよ。

光岡　私もすごく文言《もんごん》には気をつけています。実際に稽古でやっていることと、みんなが受ける印象はそもそもズレがあるので、ズレをうまく使って、こちらに来てもらわないといけない。だけど本筋から外れた嘘は言いたくない。武術にせよ武道にせよ格闘技にせよ、「怖い」「痛い」「怪我する」「暴力的」みたいな印象はまだ根強いと思うんですよね。たまにBreakingDownみたいな波がきます。過去にＵＦＣだとか金網の中で殴り合う総合格闘技もあったり。でもそういうのは普通の人からすると拒否感が生まれますよね。でかい男同士が殴りあって血みどろになっていたりするわけですから。それをやりたいか、子供にやらせたいかというと、まあ大多数には無理ですよね。

中井　とはいえ、柔道も素人同士が投げ合ったりして頭から落ちたり手をつくと危険だという話にもなるわけです。柔道をフリーでやらせたらそれはそうなります。怪我します。でも、そうじゃないやり方があります。すぐに解決するんです。受け身や固技を中心にしたり型を導入するとか。乱取りするなら経験者に対してや技限定のみにするとか。

光岡　指導の仕方ですよね。先述した岡山六高の金光弥一兵衛《かなみついちひょうえ》が書いている柔道の本[*19]だと、初段になるまで時間をかける。ひとつの技にちゃんと入る形が重要だし、そういう時間のかけ方が必須なんです。そこで体を作る。それから二、三年ぐらいは乱取りさせない。

中井　ええ、そうでしょうね。

光岡　完全に怪我をさせない。まずは怪我をしにくい身体か、しても回復しやすい身体を作ることが元来《がんらい》の武術の基礎だったのかと思います。そうすると、ゆくゆくは確実に着実に強くなる。その「ゆくゆく」の時間なんですよね。

でもそういう地味な練習では、自分の強さを感じられないですよ。先生に言われたことをただ繰り返すだけの期間みたいなもの。そのあいだに一通り技の受け方や投げ技、打ち込みを自然と覚える。そうすると乱取りをやりたくてウズウズしだす。その気持ちが沸騰したところで「はい、いいよ」と許可されたときには、めちゃくちゃ洗練された技をある程度使える連中が互いに怪我せずに練習できる環境になっている。

中井　そうだと思います。

やりやすさに向かわない

光岡　金光師範のこれは教育方法としてすばらしい考えだと思います。フリーにできるスパーリングや乱取りは自由だし楽しい。でも、その楽しさの回収先がないことも多々あります。自分にとってやりやすい動きや、やりやすい技から無理なく抜け出し、そうではない感覚と動きに変えていくことは難しいです。

ある意味、型のように自分にとってやりにくい環境や動きにくい環境に身を置かないと、本能的にも感覚的、知能的にもやりやすさに向かってしまう。すくなくとも三年間は乱取りをさせない教育方法は、自分の得意技だけでなく、自分に選択肢のない環境で様々な技への入り方を稽古することで、「必ずここに持っていくとこういう結果になる」というのがおのずとわかるようになりますよね。そこで一通り技を身につけたら、その後は、いろいろとできる中で「こうすれば自分はどんな強敵でも倒せる」という得意技をみっつくらい絞っておくと、それなりの一流にはなれるかと思います。

中井　そうですね。

光岡　話をうかがってみるとマルセロ・ガルシアは右側のチョークしか練習しないそうです。あのクラスの人が練習でギロチンと右側のチョーク、あとノースサウスだったかみっつの技だけしか使わない。彼は体重が七〇キロか八〇キロ台だけど、相手が一一〇キロぐらいの相手を想定しています。一一〇キロの相手を極めるには「左手のチョークじゃ無理だから絶対右手で極める」と話していました。

彼も中井先生と同じでどんな技でも知っているし、できるんです。足も極めれるし腕も極めれる。レパートリーは無限にあるんですけど、「この形に入ったらどんな奴が相手でもとりあえず大丈夫」というのを持っている。そこに相手がはまるように持っていける。その発想自体がすごく武術的だし、それを初心者に教える際、そこに向かっていける指導ができるかどうか。そういうことが教える側に問われます。少なくとも金光弥一兵衛はそうだったんじゃないかと思うんですよ。だから高専柔道でそれなりに人を育成できたんだと思います。

中井　目が開く話です。それをシステムとしてやっているのがすごいですよ。

光岡　今の時代ではあまり受け入れられにくい考え方だと思うんです。けれども武術、武道の学習方法や教育方法として大切なものじゃないかなと思うんですよ。

強くなる方法は人の数だけある

中井　その人の火がつく時を待つっていうのは重要かなと思っています。うちで練習する人は、みんな試合しているような印象があるかもしれないけど、僕は「試合に出ろ」と言ったことは一度もないんですよ。

光岡　そうなんですか？

中井　「こんなのあるぞ」というのは言ったことがあるかもしれません。でも基本的に、練習に来ていても試合志向じゃないかもしれないと思っているんで。だいぶ前の話ですけど、パラエストラで所蔵しているビデオを借りに来ているだけの会員さんがいました。

光岡　ええ？

中井　二年ぐらい映像を見ているだけなんですよ。練習はちょっとはしていましたかね。その人がある時「試合したいんですけど」と言ってきて「え、君、試合すんの？」とこっちが驚いた。まあ柔術だからひどい怪我をすることもないだろうしと思って出場させたら強かったんですよ。後に茶帯で世界大会で二位になったのかな。

光岡　おもしろいですね。

中井　だから強くなる方法もみんな違うんですよね。そうなるきっかけもみんな違うというのが実感です。もちろん一定の方法みたいなのがあっていいと思うんですけど、僕はそっちじゃない派です。

やっぱりカリキュラムとか練習方法とか固めちゃうとこられない人がいますよ。僕のやり方についてこられない人も出てきた時期があったので。

最初は佐山先生[*20]みたいにがっちりやりたいと思って、プロ向けの練習も設《もう》けました。でもそうすると、どんどん人がこなくなるんですよ。そこで気づいたんです。ああ、あれはカリスマのある佐山先生だからできたんだなって。なので一九九〇年代に挫折しました。僕が考える強くなる方法は今の人には通用しないのだと。そこで一度気持ちが折れました。これまでとの訣別《けつべつ》という良い意味で言っているんですけど。

そこからは「じゃあ君たちの好きなことを好きなだけやってよ」という方に舵《かじ》を切ったんです。そうしたら天才がいっぱい生まれたんですよね。もちろん基本的なことはやりますよ。おもしろいことに僕のことを「あの人全然教えないよね」と言う人と「あの人一から十まで、教え過ぎだよね」と言う人がいるんですよ。

光岡　両方の評価があるのが中井先生らしいです。

中井　人によって使いわけているんです。後に名選手になる人には半分も教えていない気がするんです。ざっくり言うと半分は習うもので半分はクリエイトするものなんじゃないかと思っていまして。まったく科学的な話じゃないですけど。

でも一九五センチで九五キロの寝技は僕にはできませんからね。総合していろいろなものをまとめてこういう順番って自分の中で消化して出てきたものを伝えて。だけど「これはヒントだよ」って言って渡す。ダメ出しをしないという話を前にしましたけど、やっていくうちに七割くらいできるようになったら次に進もうみたいなところがあって。それで何回もやるとそのうちに練られてくるから、あとは自分の動きが加味されることもあるかなと思っています。そういうのもありにしているんです。

それで「手首がちょっと痛いんですけど」と言ってきたら「手首の返し方をこうしてみたらどう」という言い方にして、ちょっと気づきを得たら、その人が一人でに学んでいくというスタイルが僕には合っているかなと思っています。

「相手の知らない技術で勝つ」弱さ

光岡　ヒロに住んでいたんで、ハワイ出身で最初にMMAで有名になったBJ・ペン[*21]を知っていますけど、彼が柔術の世界大会で優勝した後、UFCに出る前くらいにヒロでいろいろとあり、そこから考えさせられるエピソードがいくつかあります。業績は残してるから、もちろんすべてにおいて間違っているわけではないですよ。ムンジアル優勝やUFCで二階級でチャンピオンになったという確かな経歴もあるから成功はしているわけですから。

ただ、彼はブラジリアン柔術で勝ち上がった時は、まだブラジリアン柔術が知られはじめた最初の頃で「相手の知らない、わからない技術で勝っていた」ところがありました。当時の彼の取り巻きも含めてだけど、ブラジリアン柔術をストリートで試すために町で喧嘩を売ったりしていました。

これはダメだなと思ったのが、「相手の知らない技術を自分が知っているから勝てる」構造の中でやっていたことです。つまり「技術ドーピング」みたいなことです。相手も同じ技術や技を覚えだすと通じなくなる。

ＢＪは確かに同じ技術を知っている者同士のブラジリアン柔術の試合で勝ち上がっていったので、当初はまだ良かったです。ＢＪの取り巻きの一人で道場では実力あるとされていた一人が、ヒロの町で喧嘩慣れしているサーファーのシェーンという男性にクラブの外でケンカを売ったんです。その彼がシェーンをガードポジションに引き込もうとした時に、サーファーで喧嘩慣れもしているしバランス感覚がいいから、バッと手を切って立ち上がりガードポジションのあいだから顔を踏みつけた。その実力者は救急車でＥＲ（緊急治療室）に運び込まれた。

この事件はある種の典型です。相手の知らない技術で勝てると思い、それに頼ろうとする気持ちを持つと自分が知らないセオリーに弱くなる部分がでてきます。これも中井先生の態度や「総合」の発想とは真逆だと思うんです。

ＢＪも初期は、ＭＭＡやケンカで柔術のテクニックを使って勝とうとしていたんだけど、途中からとにかく打撃で勝つスタイルになっていった。ＢＪがムンジアル（世界柔術選手権）で優勝した後、ＢＪとその取り巻きがビーチでジェームズという私の知り合いとトラブルになったらしい。ジェームズはＢＪらを探し回って見つけ、フォー・マイル・ビーチで喧嘩になったんです。ジェームズは体重一二〇キロくらいあり、一秒に三～四発ほどパンチの打てる無敗の喧嘩屋。本当にケンカは強い男です。現場

ハワイの喧嘩屋ジェームズとその家族

がビーチの石壁の近くだったこともあり、壁をうまくバックにしたジェームズをＢＪがまったくテイクダウンできず、ジェームズの胴にしがみついた状態でボディを殴られつづけ退散することになった。

もちろんＢＪがＵＦＣに出始めてＭＭＡに順応した後だったら結果は変わっていたかも知れませんが、私はこの出来事が潜在的に異なる重さの相手とも戦えるようにすることが、どこかＢＪの中で残ったのではないかと思います。その後、彼が打撃に進み、スタンドに拘《こだわ》り、さらには重い階級でも戦えるようになっていく決定的な出来事だったのではないか。

彼の下の世代にヒロからは私の知人のトムの息子のキーナン・コーネリアス[*22]などの実力者が現れ、またマルセロ世代の出現やブラジリアン柔術も目まぐるしい技術的な発展をしていました。もちろん柔術はできるけど、その発展していくブラジリアン柔術の技術にＢＪはついていけなくなったんだと思うんですよ。

ヒロで地元のボクシングとキックボクシングのコーチをつけ打撃を中心にやり始めたんですが、ブラジリアン柔術でＭＭＡが少しずつ勝ちにくくなってきていたことから打撃に移ったのでしょう。

自分のベースであったブラジリアン柔術をＭＭＡで用いることに自信がなくなったんじゃないかと思います。もちろん「組んでも大丈夫」という自信はあるからＭＭＡに向けても打撃を中心に戦い方を移したわけですが、少しずつ自分のスタイルがＭＭＡで通用しなくなってきた。年齢のこともあるのでなんとも言えませんが、彼を見ているとアメリカの総合格闘技界でのライズ・アンド・フォールを感じます。そこには、中井先生が言うような「総合」とはまったく別の世界観を感じます。

完成することのない総合格闘技という「道」

中井　僕は総合格闘技は「道」だと思ってます。完成することがなくて、いろいろ学んでも終わりがない。プロキャリアは終わったとしても総合格闘技屋としては終わりじゃない。この言い方は陳腐だけど、だからこそ「武道」なんですよね。やっても終わりがない。「本当にこれでいいのか？」とずっと考えていく。そういう意味では人生みたいなものです。そう捉える方がより人のためになるのじゃないか。僕はこれまでそのための社会へのアプローチを探ってきました。

僕がうちにいた人たちに道場をやる方に進ませるのは、「社会とコラボレートしろよ」ということではあるんです。「どうせ首を絞めることしかできないんだから」って。これ自分のことですよ。首を絞めることしかできない人間が、世の中に何を提示できるのか。それを道場を媒介《ばいかい》にして世に示せ。「人生にどう応用するのかを解けるのか？　ということをやってみろよ」と言っているところがあるんですよね。

光岡　禅の公案みたいですね。

中井　顔を叩くのが嫌だからブラジリアン柔術に行くのもいいでしょう。「でも実はここにいたら顔を打たれるんだよ」とか、そういうことはチラチラ散りばめて原点回帰はしつつ、好きなルールがあるならそれを楽しんでもらえればいいと思っています。

僕は柔術を広めてきた人間の一人ではあるので、よくここまで広がったなという思いもあります。それを軸《じく》にしていろいろなものを見通せるようになってきたのは確かです。昔より学びやすい環境にあると思います。今のほうが説明や言語化をできる人もいます。良くなり続けていると思いたい。

でも、僕はプリンシプルをまだ発見しているとは思えない。みんな道半ばで死んでいくわけじゃないですか。だからこそ「世の中ともっとコラボレートしろよ」という思いが僕の中にあります。きっと明治維新以降、武術や武道の行末《ゆくすえ》について同じように考えた人がたくさんいたと思うんです。

光岡　確かに日本の武術史の中には撃剣興行[*23]やプロ柔道[*24]などもありました。多くの海を渡った柔術家たちもエキシビジョン・マッチやチャレンジ・マッチをしていたようですし。

中井　悩んで見世物を始めた人もいただろうし、プロレスを始めた人もいるだろう。やっぱり今を生きている限り、社会と切り離しては人生は考えられないじゃないですか。

こんなことを言うとなんですが、僕は別に「相手に勝ちたいと思わなくてもいいじゃないか」と思っているところもあるんです。一応は格闘技を教えるスクールなのに「格闘技じゃなくてもいいんだよ」と言っているわけです。

運動を通じて成長する子供たち

光岡　そうですよね。中井先生はそれを実現していますからね。キッズクラスの子供が指導中に、リストウェイトの中の鉄の重《おも》りを出して積み木のようにして遊んでいたり、かたや、あちらでは道着を着て試合に向けて練習している子がいて。あっちでは綱登り用の綱で遊んでいる子がいて。ちゃんとした「学級崩壊」でしたね（笑）。

中井　道場に来たものの実はあまり争うのが好きじゃないかもしれないし、親に言われているから来ているだけかもしれない。でも、来るということは何かしらはあるんでしょうね。そういう気持ちも開放させてあげられたらいいなと思っています。何に向かっているかまだよくわからない子でも、何かやりたくなったりする時もあるんですよね。

光岡　小さい鉄の重りで積み木をやっている子とかに「それればかりじゃなくてほかの

こともやろうよ」と言ったりはするんですか？

中井　時間になったら集まって礼《れい》はしますよ。みんなで打ち込みの練習だとか技術に関することを話しだすとついていけない子もいるので、その時に他のことがしたくなったらそれはそれでいいんじゃないかと思っています。いずれ何かを好きになるかもしれないし、そうじゃないかもしれない。もしかしたらパンチやキックに興味を持つかもしれない。いろいろなことができる場でありたいなと思っています。まあ、積み木の子の場合は、きっとバーベルとか重りは好きなはずです。もしかしたらその重りを持ち上げたりしだすかもしれないし。

光岡　ハンマー投げとか、砲丸投げとか。

中井　ただ筋力トレーニングは身長の伸びが止まってからです。骨が成長しているうちは重いものを持つことはマイナスになりやすいので。だけど、重たいものを持ちたくなるのは生き物としての本能だと思うんです。そういうのは誰にも絶対あるはずなんで。リスクがあるものに関しては「やめようね」ということになるんですけど。絶対やらないこと以外は何でもありですね。やっちゃいけないこと以外はなんでもありですね。

これは実体験からなんですが、うちに来ていたどうしようもなかった子らが、ちゃんとだいたいみんな立派な社会人になっているんですよ。だから小さい頃に種々《しゅしゅ》の運動をさせるのは良いことなんだと思います。べつにブラジリアン柔術が最適とはいってないですよ。でも立派なお父さんになった人もいるし、大学院に行っている人もいるし。それを見ていると、幼い頃からの種々の運動は良いんだなという、ぼんやりした結論に達さざるを得ないですね。

他者を敬うということ

中井　基本的に子供たちには「人が嫌がることはやっちゃいけません」と言っています。普通ですよね。だけど人の嫌がることをやるのが格闘技なんです。だから実は両面必要なんですよ。嫌なことに効果があることを知るのも必要。でも、それをやっちゃいけないのも社会生活に必要です。物事は一筋縄ではいかないということを知りつつ、自分のやりたいこともやって、相手の人も尊重する。もしかしたら、そういうことを実感できるのも、ここで身体を動かすことの効果かなと思います。

「武道はすばらしい！　柔術最高！」という気持ちはわかりますけど、僕はそこまで言う気があまりなくて。「最高かもしれないけれど、それじゃなくてもいいんじゃね？」というのもここでは同時に学べると思っています。「これじゃなくてもいいんじゃないか」と思わないと人のことを敬《うやま》えないんじゃないでしょうか。「自分のところが最高だ」と思ってしまうと、他のところが全部「あんなところは」となってしまうかもしれない。

光岡　先生の道場にパンチのミット打ちだけが好きな女の子がいましたよね。気持ちが乗るまでに二時間ぐらいかかって、そこから調子が出てくる感じでした。一時間のキッズクラスが終わってからさらに一時間たたないと乗り気にならない。彼女のペースだとそれくらい時間をかけてやる気が出てくる。私が見た時クラスには四人いましたが、みんなやりたいことが違うし、ペースも違う。中井先生も一人一人四分ずつやりたいことをやらせて、その時間はもう本人たちがストレッチをするなり、とにかく好きなことをしていました。

中井　まあ、やむを得ずやっているんですけどね。

光岡　たまたま偶然だからいいと思うんですよ。リアルタイムのライブのように、その日の流れをその日に来た子どもたちが作り、その流れを中井先生がリードとサポートしてあげる形が自然とできている感じがいい。

中井　試合志向の子もいれば、みんなに溶け込まない子がいて、体を鍛えたい子もいます。それを同時進行で見るための苦肉の策が半分なんですけど。遊んでいる子は「試合に出るには、こうやって練習するんだ」と思って横で見ているかもしれない。本当にいろいろな子供がいます。クラスの中にサンボが好きな子がいるんです。でも、実際のサンボは見たことがないんですよ。

光岡　え⁉　見たことないんですか？

中井　サンボのルールが好きみたいで。だから練習では「サンボをやりたいのでお願いします」と言うんです。

光岡　小学生でなかなかニッチですね。

中井　将来的にスポーツサンボかコンバットサンボを実際に見たときに「これがサンボなの⁉」ときっと言うだろうなって。その日がくるのが楽しみです。そもそも総合格闘技目線で言えば、「打《だ》、投《とう》、極《きょく》のどれも好きじゃない」という人がいても、「別にいいんじゃないか」と答えるはずだと思っているんですよ。それなら走ってもいいじゃないかと。こういうことは普通は先生は言わないんですよ。当たり前ですけどね。だって「道場にいなくてもいいよ」と言っているのと同じだから。言うわけないんですよね。でも僕は本当にそうだと思うから言いたいんです。

光岡　いや、でもそう言っていて世界チャンピオンクラスの人間が生まれるからおかしいですよね。おかしいというより、そういう環境だから生まれるんでしょうね。
中井先生の指導の仕方だと決して才能主義にはならないですよ。もちろん一人一人の才能と努力は報われますが、基本的に競技を教えるスクールは能力や才能に価値を置かざるを得ない。勝つためには「運動能力が高い、体力がある、体がもともと丈夫」とかいろいろな条件で集めて、その中でまた技術を教えてトップを取らせるようなことをします。アメリカのレスリングスクールもそうですし、日本の柔道やレスリングスクールもそう。中井先生のパラエストラという場所はそれとは違うし、これは何度言っても言い足りないですが、武道として考えると中井先生のスタイルがいいと思うんですよ。

中井　教育というのを大人になるところまで考えたら、子供同士が触れ合いながら、じゃれあったり触れ合ったり、押し合ったり、たまに泣いたり泣かせたりする。そこで自分の感情との向き合い方が養われていくわけで、パラエストラはそういう現場になっていると思います。

光岡　私は目に見える功績は皆無だし、運動能力が高かったわけでもないです。カリフォルニアの自然の中で暮らした時期に養われたものがあるんだと思うんですけど、空手も最初は特別優れていたわけでもない。ただ好きだから、稽古時間が終わってみんなが帰った後も一時間ぐらい残ってそのまま一生懸命サンドバッグを蹴っていた。伝統派でローキックはないのに、サンドバックで試合では使えないローキックや関節蹴りなどを練習してました。好きだからやっていたんです。

中井　そういう人の方が少ないですよ。

光岡　強くなるために道場に来ているのに、なんでみんな帰っちゃうんだろうって思っていました。

中井　人それぞれなので、だからこそ僕が持っているものの一部だけでも齧《かじ》ってもらって、発展させてもらえればいいかなと思っています。僕の場合は、研究しているだけだから。

誰もやらないことは言わないといけない

光岡　自分の中で大きなテーマだったのが、武術と武道は根本的には一緒なんですけど、どこかに違いがある。それが何かを中井先生とのお話の中であきらかにできたらいいなと思っていました。武術と武道の各々《おのおの》に役割があって、やっぱり「道」といった時点でだいぶ広がりができる。「術」となると、ある特定の技術に引き寄せられるから、その差も結構大きいですよ。

中井　漢和辞典で調べると、「術」にも「道」の意味があるらしいです。なので、道が尊くて術はテクニックに過ぎないという言い方は違うんじゃないかと思うんですよね。術にも道の意味があるんだとわかって、これなら「道のほうが尊い」と言われても、言い返せるなと思ったりしたんです。

光岡　「技」と「術」もまた違って、だけど広範囲で捉えた場合は、いろいろな道のようなものがありうるというのがあるんじゃないか。あっちにも行けるし、こっちにも行ける。そういう意味で漢字の分け方があるのかもしれないですね。

中井　ブラジリアン柔術を始めてから「術は道に劣る」と言われることが時々あったので「なるほど。道じゃないから入ってこない人もいるわけね」と気づきました。

　僕のことを今のＭＭＡとか柔術のフィールドから降りているように見ている人がいるんですよ。一線から退《しりぞ》いているみたいな。僕は降りているつもりはまったくない。でも人に渡してはいるんですよ。技術にしてもやり方にしても、また地位とかポジションにしたって。パラエストラが各支部でみんな違うようにしているのはそれぞれに特性があるからです。「あなたの支部はこうやりなさい」と言ったことは一回もないです。そうするとレスリングに寄ったスタイルとかが出てくるんですね。

そうやって渡してきたので、もしかしたら次のＵＦＣの王座を取るのは僕の門下ではないかもしれない。でも全体的には僕らのグループと言える。うちが全日本柔術選手権も何連覇していつも勝つから、「支部ごとの名前で出す方がいいかな」なんてポロっと言ったことがあるんですよ。それ以前からもし支部が単独で団体優勝するようになったらパラエストラでまとめなくしようかとは心の中では思っていたので。でも不思議なことに、そうすると負けだしちゃったんですよね。全日本の王座から滑り落ちて。新興団体も出てきたというのもあるのかもしれませんけど。口に出すとそうなるんですよね。

光岡　わかります。何か持っている人が口にすると動き始めるんですよ。何かの流れが始まる。

中井　そんな時にある法事でお坊さんに「一回始めたことはね。続けなきゃダメなんだよ」「縁《えん》は守らなきゃいけないんだよ」とか言われまして、グサグサ刺さった。そこからまた揺り戻しをして、何年後かにやっと王座を奪回したんです。

僕は見果てぬ夢としてはＵＦＣからＡＤＣＣ、ストライキングとか全部を取るというのがあって、実際にＵＦＣ以外はほぼ取っているんです。全タイトルの王座を取るなんて言っている団体はありません。だけど誰もやらないことは言わないといけない。こういうのは言い続けようと思っているんです。僕じゃなくてもいいという意味では嘘じゃないんで。人から見れば嘘なんでしょうけど、「あなたがやったわけじゃないでしょ」と言われるでしょうけど。

でもやっぱり僕は言わないとダメなんだと思っていて。それはなんかずっと思っていますね。今の若い人にも何人かすごいのがいるので、もしかしたら夢がかなうかもなと思うんです。

僕の発言がどういうふうに解釈されてもいいんですよ。何を言われてもいいです。「総合」なんで。だからなんでも言えるんですけど。ボロクソに言われても全然大丈夫ですよ。ただ「僕に直接言ってよね」って思うだけです。

注

＊1　一九八二年ブラジル生まれ。柔術家。ブラジリアン柔術界を代表する選手のひとり。アブダビコンバット（第三章注38参照）七十七kg未満級に三連覇。「神童」の異名をとる。

＊2　第一章注19参照

＊3　一九七六年ブラジル生まれ。総合格闘家。ＵＦＣ殿堂入り。二〇〇三年から五年間ＰＲＩＤＥにて十七戦無敗。ミドル級王座を三度防衛したことから「ＰＲＩＤＥミドル級絶対王者」と呼ばれた。

＊4　第二章注22参照。
＊5　第三章注38参照
＊6　第一章注20参照。
＊7　一九九一年オーストラリア生まれ。ブラジリアン柔術家。
＊8　一九七四年ユーゴスラビア社会主義連邦共和国クロアチア社会主義共和国（現クロアチア）生まれ。元警察官、元総合格闘家、元国会議員。九〇年代から二〇〇〇年代初頭にかけてK−1やPRIDEなどで活躍し、特に強烈な左ハイキックで名を馳せた。チーム・クロコップ主宰。
＊9　一九六八年アメリカ生まれ。元レスリング選手、元総合格闘家。UFC14・UFC15、ヘビー級トーナメント優勝。
＊10　一九六四年アメリカ生まれ。総合格闘家、プロレスラー。初代UFC世界ヘビー級王者。PRIDE GRANDPRIX 2000 優勝。UFC殿堂入り。
＊11　一九七五年ブラジル生まれ。総合格闘家、プロボクサー。元UFC世界ミドル級王者。UFC殿堂入り。
＊12　一九九二年チェコ生まれ。チェコ人史上初のUFC世界王者。元UFC世界ライトヘビー級王者。元RIZINライトヘビー級王者。
＊13　第一章注4参照。
＊14　第三章注22参照。
＊15　一九八八年旧ソビエト連邦ダゲスタン自治ソビエト社会主義共和国（現ダゲスタン共和国）生まれ。元総合格闘家。元UFC世界ライト級王者。ロシア人史上初のUFC世界王者。
＊16　柔道や極真空手を学んだ東孝が一九八一年に宮城県仙台市で創設した空手団体。フェイスマスクとグローブを着用しての顔面への突き、蹴りが認められる他、打撃だけではなく投げ技や関節技も認められている。現在は「空手」ではなく総合武道「空道」として教授している。

＊17　元総合格闘家、実業家の朝倉未来が代表を務める格闘技イベント。喧嘩自慢、格闘技経験者、元プロ格闘家などアマチュア選手の出場を中心としながら、現役のプロ格闘家も出場している。

＊18　第一章注15参照

＊19　金光弥一兵衛『新式柔道』（隆文館、一九二六年）。

＊20　第一章注10参照。

＊21　第一章注2参照

＊22　一九九二年ハワイ生まれ。柔術家。現在サンディエゴでリージョンAJJ（アメリカン柔術）を運営。革新的なガードテクニック「ワームガード」の考案者で知られる。

＊23　明治初期、職を失い困窮した旧武士のため入場料を取り剣術の試合を見世物として行った興行。後には剣術だけではなく若い女性による薙刀の試合などもあり一時的にブームとなるが数年で衰退。

＊24　柔道のプロ化を目指し、牛島辰熊を中心に一九五〇年三月に結成された国際柔道協会による柔道の試合を中心とした興行。牛島の弟子でもある木村政彦を始め二十数名が参加するが経営はうまくいかず一年を待たず解散。

おわりに

これまで単著、共著をあわせて数冊の本を出してきたが、ここまで武道、武術、格闘技に特化した内容のものはなかった。このような本が可能になったのは、まぎれもなく対談の相手が中井祐樹師範だったからである。

対談を通して改めて感じたのは、日本の武道が発展する過程で、様々なルールが導入され、そのルールを良しとする風潮によって、実践性が薄れていったという事実である。

例えば、講道館柔道は、ルール内で勝利を追求するあまり、実戦で有効な危険な技法を捨てていった。古武道や古武術は、形式化が進み、まるで殺陣《たて》のようになってしまった。合気道は、様々な格言や大層な言葉で、技の実践研究を避けているように見受けられるし、競技化された空手は、本来の牙と爪を失ってしまった。大東流合気柔術や少林寺拳法のなかには、流派や体系の素性、歴史すら創作されたと思われるものもある。打ち込んでくる太刀に対応できない制定居合や現代の居合、竹刀での叩き合いに終始し、真剣を扱う技法とはかけ離れてしまった剣道など、その問題点を挙げ始めれば枚挙《まいきょ》にいとまがない。これらは、近現代の武術、武道が抱える深刻な問題点であるといえるだろう。さらに憂慮《ゆうりょ》すべきは、この事実に対して、多くの指導者が真摯《しんし》に向き合おうとしていないことである。これは特定の流派や組織だけの問題ではなく、武術、武道界全体に共通する社会現象といえるのではないか。

そもそも、「何が武なのか」「何をもって武と呼ぶのか」「武は何を継承し伝えようとしているのか」という根源的な問いが、現代の武道界には欠けているように感じる。質の向上を追求することなく、ただ組織を大きくすることだけが重視されている風潮は、現代の武道も例外ではない。まるで、武道がコンビニや百円ショップで売られているもののように、季節感なく一年中同じものが手軽に消費されてしまっているかのようだ。

私が伝えようとしている武は、そのようなものではない。また、金銭で手に入れることのできる高級ブランドでもない。職人がオーダーメイドでしか作れないような、精緻《せいち》で実践的な武術を研究、探求し、指導することにこそ、私は興味と情熱を注《そそ》いでいる。

もちろん、コンビニや百円ショップのような手軽な武道にも、それなりの利点や価値があることは否定しない。私自身、子供の頃に地域の道場やカルチャーセンターで武道に触れ、その恩恵を受けてきた。しかし、私が光岡武学で提示する体系は、大量生産や一律化された武術、武道とは根本的に異なるものである。

昔から、ある種の護身術的な武術、武道、あるいは剣道や居合道の八段位のように、高級ブランドに見せかけた中身に疑問のある証明書を高い金額で販売したり、特別な権威をつけて授与するということはあったが、そのようなことはしたくない。また、特権階級の人間だけが金銭で手に入れることのできる高級ブランド品のようなものとして武術、武道を扱いたくもない。高級ブランドを一般化し、比較的安価に販売するという合気道のようなアプローチも、なんらかのプラスの面もあったかもしれないが、武術、武道の技量全体の低下と衰退に少なからず影響を与えているのではないだろうか。もちろん、どの流派、どの体系にも、中井師範のように人格者であり、優れた指導者はいる。私自身もそのような方々から多くのことを学び、恩恵を受けてきた。しかし、ここで私が問題視しているのは、個人の資質ではなく、武道界、武術界全体における教示体系、そしてその体系を広げようとする意志の根拠なのである。

武術、武芸、武道とは本来、まず実践に向けた稽古体系として考えられ、構築されているべきではないだろうか。「この稽古を続ければ、いずれ武術的にどうなるのか」「武術的な向上が見込めるのか」という問いは、「武」の字を使う以上は当然のことである。もし、武としての実践性が問われなくなるのであれば、「武術、武芸、武道」という名称を使うべきではなく、「運動」「健康体操」「ダンス」などと呼ぶべきだろう。あるいは、スポーツとして競技化に徹するべきである。武の実践性が、一定のルールや形式のなかでしか問われなくなった時点で、それは武術ではなくなってしまう。これは単に個人の力量だけでなく、武術の前提となる様々な状況に対応できるよう、体系が組まれているかが問われるということなのである。武術とは対人のみならず対環境の稽古も体系に加味されてなければならない。つまり、「体系が提示する武術的な実践性の有無と、稽古における是非正誤」こそが重要なのだ。武道界や武術界は、何が正しく、何が誤りなのかを十分に探求し、研究し、明確に提示することを怠ってきたのではないだろうか。その結果、武に取り組む指導者たちの眼識や鑑識眼が鈍り、武の質の低下を招いてしまったといえるかもしれない。いわゆる〝底下げ現象〟である。また、この状況は、私たち現代人が無自覚のうちに陥っている怠惰さと、そこから生じる知性、感性、観性、悟性の劣化とも関係があるだろう。自分の身体で起きていることを、自分の心眼で省《かえり》みることができなくなってしまっているのである。

元来なら心眼は内なる自然と環境としての自然の狭間で育まれてきたわけだが、その「季節感なき武道、武術」はそこで育まれるはずだった感性を捨てていった。たとえば古《いにしえ》の時代においては実践性を重視していたことから、夏には各地域で伝承されていた日本泳法を稽古し、冬には身体が暖まる柔術や体術の稽古を行っていた。また、冬にあえて泳法の稽古をし、寒い季節でも戦の最中に泳げるかを「寒中水泳」のように儀礼化し行っていた。それはつまり、対環境の稽古が季節ごとに環境を用いることで加味されていたわけである。そのような外なる自然と内なる自然の狭間で心眼を育む稽古を「季節感なき武術、武道」は怠ってきたといえる。

その内なる自然から心眼を育む稽古とは、教育や学問において最も重要な基礎となる、自省、自感、自知、つまり、自らが感じていることを自ら省み、自ら知ることではないだろうか。一人一人が、生きている世界をどのように観覚し、省み、感覚しているのか。どこから、どのように世界を捉えているのか。その世界をどのように感じているのか。それらを問うことこそが、探求の意味であり、それを通して立ち上がってくる世界が、人にとっての現実の規範となるはずである。それこそが学問の本質なのではないか。

感性や観性、悟性を知性とともに養うことを基礎教育としないならば、何をしても無駄になるだろう。なぜなら、人間が経験する現実、真実、事実、真理が目の前に提示されたとしても、それを捉えられるだけの観性、感性、悟性、身体性が備わっていなければ、それらは単にスルーされてしまうからである。このような現象が起きるのであれば、教育と学問は失敗したといえるのではないだろうか。

現在、コンビニのような手軽さで武道がYouTubeなどで紹介され、一般化している。武術や武道は、現代社会において、季節感なき大量生産型の消費社会の貨幣制度に沿って価値を確立しようとするたびに、その質を落として大量生産に走り、一般化することしかしてこなかったといえるかもしれない。また、質素に振る舞おうとする武術、武道の中には、それを職業にすることが金銭への執着を産み、武の技量を衰退させてしまうという考えも存在する。

これは芸術や美術の世界にも見られる現象だが、社会に異を唱えることを表現の自由とする西洋的な芸術観が影響を与えているのかもしれない。社会と対立する芸術活動は、貨幣制度に対しても反骨精神を貫こうとしたが、現実には社会の中で生きていくために、絵を売ったり、パトロンを見つけたりする必要があった。つまり、反社会的でありながらも、社会との繋がりを完全に断つことはできなかったのである。

こうした考え方は、日本の芸術観とは異なるように思える。日本では、職人文化が根底《こんてい》にあることから、社会性や反社会的な思想に関わらず、「機能的にも優れていて、実用性も兼ね備えたもの」が、古典的な芸術観として存在していたのではないだろうか。芸術においても実用美を重視することから、日常の道具との繋がりもあり、美は実用性を追求した結果として生み出されるものとされていた。ここでいう「実用性」も、現代人の合理的、論理的な思考だけでは計り知れない、奥深い意味を持つものだったはずである。

しかし、その価値の分かりにくさから、付加価値を付けにくかったのに加え、作り手である職人は、お金の価値をあまり理解していなかった。そのため、買い手が価値の基準を設《もう》けることになるが、その基準は実際の価値よりも低く設定されてしまうことが多くあった。そこに、目が効く良心的で正直なパトロンや商人がいれば、「良いものを作る職人」と「その価値を世に伝えることができる人間」の関係性から、良いものが適正な価格で世に提示され、作り手も買い手も納得できるような関係性が構築されただろう。

資本主義的な思想と身体性、感性、そしてそれらを構築している体制側（管理思想とその方法論）、それに反対するための芸術観（自由思想と自由獲得の手法）が、双方ともに西洋から日本に浸透し、社会的な思想を日本人に植え付けていったのではないだろうか。

結局のところ、近現代における資本主義、民主主義、共産主義、民族主義、自由主義など、あらゆる「主義＝イズム」は、「西洋かぶれ」でしかなく、日本の伝統を口先で唱えていても、身体観や感性、思考は、西洋的な影響を強く受けたものになってしまった。その結果、二元論的な身体観からなる「主観と客観」「体制と市民」「善と悪」「正と誤」といった二項対立的な考え方が、日本や東洋にも浸透し始めた。本来ならば、物事を多面的、多層的に捉えることができていた観性、感性、知性は簡略化され、衰退してしまったのである。

この二項対立的な思考は、「金儲けの資本主義的な価値観」か、それとも「芸術的かつリベラル的な自由思想」かといった、陳腐で単純な二元論でしか物事を捉えられない、現代人の感性、観性、身体性、身体観の根底に、無自覚のうちに存在している。このような状況の中で、私たちは「物の価値」や「事の価値」を見抜く力をさらに失いつつある。そのため、現代社会において、武術、武芸の本質、つまり、人間にとって最も本質的なことを伝えていくことは、本当に難しいと感じている。

私は、武術、武芸を安く手に入れようとする人を好まない。教える側が「お金は受け取りません」というスタンスであったとしても、教えを乞う側の価値観としては間違っていると考える。なぜなら、その人は武術、武芸、武道に対して、そこまでの価値を見出していないか、少なくとも教える側と同じ価値を見出そうとしていないからである。このような状態では、稽古や指導が始まる前から、その稽古は失敗に終わる可能性が高いだろう。

ただし、「お金がなく謝礼を払えないけれど、どうしても習いたい」という人は、全く問題はない。これは「武術、武芸を安く手に入れようとする卑しい心境」とは異なる。実際にお金がないのであれば、別の支払い方法がないか、あるいは「どうしても習いたい」という気持ちを率直に先生につたえてみれば良いのである。これは以前にも話したことがあるかもしれないが、私はハワイに住んでいた頃、お金での支払いが難しい人に対して、漁師からはマグロの切り身を謝礼として受け取ったり、家の周りの森林伐採《しんりんばっさい》をしてもらうことで謝礼に代えてもらったこともあった。ただ、現代の人にとってはマグロの収穫や森林伐採の方が大変かもしれない。しかし、それも個々の選択と判断に任せるべきだろう。もし、自分のプライドや自我を優先して尋ねないという選択をし習えないのであれば、それは「お金がない」という問題ではなく「自らのプライドや自我が邪魔をして、自ら習えない状況を作り出してしまっている」という問題なのである。この点は個人の選択によるものである。この「武術、武芸を安く手に入れたい心境の問題」と「自我、プライドが邪魔して習えない問題」、そして「武の価値を測る眼識の低下」は深く関連しているといえるだろう。人間には常に何かを安く手に入れようとするズル賢さが存在するし、物の価値が分からないうちは「安いから価値がなく、高価なものだから価値があるだろう」と安易に考えたり「価値を自分の目や感覚で判断できないから、高額なものは買いたくない、安いものを買いたい」と考える人が多いのも事実である。これも結局は、個人の眼識のなさ、感性の劣化、知性の劣化に繋がってくるのではないだろうか。知性、感性、観性、悟性が劣化している状態から生まれる勘は、なかなか信じられないか、信じても的外れなことが多い故にさらに答えを外に求めたくなる。このような悪循環の中に多くはいるわけだが、人類全体で観性、感性、悟性、知性の劣化を共有し、貨幣制度が現実の規範となっている中で、「Time is money＝時は金なり」と信じている人は、まるでシステムの奴隷や家畜、ペットのような存在になっている。私は昔から「Time is worth more than money＝時は金よりも価値がある」と主張してきた。劣化した感性や知性を規範とする身体性を増長させるように、環境操作やテクノロジーが進化し、目利きも眼識も失い、何が正しいか、何が誤りなのかさえ分からなくなっている現代においては、貨幣制度を用いて「物の価値」「事の価値」を浸透させていくしかないのかもしれない。

本来、武とは、日本では将軍家や藩主など、身分の高い人々からその価値を認められ、惜しみなく金銭を支払い、教えを乞う価値のあるものとされてきた。少なくとも、高度な体育体系、教育方法として、太平の世においても、一般市民の間でさえ尊ばれていたのである。

元来の武には、多くの先人の死生観と生命観、感性、知性観、悟性が源泉にある。その意味において、武は他のジャンルとは異なる特殊な存在である。なぜなら、武は常に「淘汰《とうた》した側の体系」だからである。淘汰された体系は、個人と共に消滅するしかない。統計的に見ても、現存する武術、武芸の体系は、いずれも淘汰を勝ち抜いた側の体系であり、生死をかけた戦いのなかで何らかの形で成功した側が、その体系を後世に残してきたといえる。しかし、そのようなシビアな世界から生まれた武術、武芸の洗練された技法を、受け継げていないのが、武の感性から最も遠ざかってしまった私たち現代人、そして近現代の武術、武道であるといえるだろう。古の武術観や武の感性から遠く離れてしまった、私たちの劣化した感性、知性、観性、悟性にも理解できるように作られてきたのが、近現代の武道や武術であるともいえる。

これは嘆かわしい事態であり、武の本質は絶滅危惧種のように僅かしか残っておらず、古代の身体観や感性とともに消滅する可能性もある。将来、「昔、武術、武芸という分野があり、原始的で野蛮であり、知性の低い人々が生身《なまみ》で戦ったり、古代兵器を使って戦う人たちの技法があったらしい」と、未来の人々が語るようになるかもしれない。いや、もしかすると既に現代人の一部がそのように語っているかもしれない。

繰り返しになるが、現代社会では、武芸、武術をコンビニエンスストア化、百円ショップ化しないと、多くの人々に受け入れられないのかもしれない。あるいは、私が時代錯誤なだけで、化石のような身体観から生まれる身体技法を扱い、誰も危惧すらしていない絶滅危惧種のような古の観性、感性、知性観、悟性を伝えようとしている、ただの狂人なのかもしれない。

しかし、周囲がどのように思おうと、それはそう思う人たちに任せ、私はこれからも自分の道を歩んでいきたいと思っている。

二〇二五年二月

光岡英稔

解説　稀有な、御二方の対談に寄せて

甲野善紀

今回、このような形で現在の日本の武術界と、格闘技界を代表する御二人の対談本に、私の書いた物を載せていただける機会をいただいたことに、まず深く感謝を申し上げたい。なぜならば、私がここに書いたことは、私の四十年以上に及ぶ武術研究の間ずっと考え続けてきた現代日本での武術、武道のあり方に関する私自身の「思い」と「体験」であり、この事を述べる上で、これほど得がたい機会は他に見当たらないからである。

まず中井祐樹師範は、その経歴と実力によって、現在の格闘技の世界でこの人物ほど「人としての信頼を得ている指導者」は、私の知る限り他に見当たらない方であり、その発言と行動は柔道など試合を行なっている武道にも少なからぬ影響力があるからである。

一方、光岡英稔師範は、私にとって武術における一番の盟友ともいえる存在であり、その武術家としての実力は実際の技の面でも、またその技を支える術理と思想の面でも、これほどの人物は他に全く思い浮かばないほどの方だからである。

それだけに、私がこれから、この御二方の共著に解説という形で文章を書かせていただくことは、私が今までに刊行したどの本とも異なる格別な思いがある。なぜなら、ここに書いた、現在の日本の武術や武道の世界における課題や問題は、私自身の体験で見えてきた事であり、私が今まで刊行してきた数十冊の著書に書いてきた事を凝縮し、それからここ二年ほどの間に気付いた事を率直に書かせていただいたからである。

私はかつて「武術稽古研究会」という小さな会を主宰していた。この会の名前を「武道」とせずに、なぜ「武術」としたかという事についてまず述べさせていただきたい。

武道という言葉は、講道館柔道を創設した嘉納治五郎《かのうじごろう》師範によって「術の小乗から道の大乗へ」という言葉に代表されているように、近代に入り、銃器などが発達し、人間の戦闘形態が、かつての「手に簡単な構造の武器を持って戦う」という形態から大きく変化し、そうした武器の扱いや素手による戦闘形態は過去のものになりつつあった時代の中で、この一時代前の武術の稽古によって養われてきた身体の働きや、それを支える精神の在り方に、人が人として生きる上での得がたい教育効果を見い出した嘉納治五郎師範に代表されるような人々によって、あらためて再評価されたのだが、明治という西欧化が推奨されている時代だったため、それまでの武術を、新たに武道という名称としたのだと思う。

そうした中で、私がなぜ自分が主宰する会を「武道稽古研究会」とせずに、「武術稽古研究会」という名称にしたかというと、「術の小乗から道の大乗へ」という、いかにも武道は人間の精神を涵養《かんよう》する道ということになって、剣術は剣道になり、弓や空手、薙刀といった武術も、それぞれ、弓道、空手道、薙刀道というように、ほとんどの日本に存在していた主だった武術は全て何々道という風に、それぞれの武術の名称が術の代わりに道がつけられるようになった結果、「技が出来るかどうかなどというレベルの低いことを論じていても仕方がない。要は精神を磨けるかどうかだ」などといった精神論にすり替えて、自身の未熟を糊塗する者がしばしば見受けられたからである。したがってそうしたことは何としても防ぎたいと思い「武術稽古研究会」としたのである。

つまり、私は「武道」でも「武術」でも、その呼称にそれほどこだわりはないのだが、「武道」と言って観念的な精神論で技が未熟なことを隠すようなことをしないために「武術」の名称を使っているのである。

何しろ、武道界でも試合を行なう柔道や剣道は、全く実力がなかったら、さすがにそんな事も言っていられないので、ある程度発言力のある人物は、その世界では技もそれなりに出来るだろうが、古流や合気道など試合を行なわない武道の場合、技の未熟さを大袈裟な精神論を言う事で、その武道の価値そのものを損なっている人物は少なからず見受けられる。

その結果、ただの競い合いではなく精神を涵養《かんよう》するはずの武道が、柔道や剣道といったメジャーなところでは、この武道と内容が似ている格闘技と分類されるレスリングやボクシング、フェンシングさらには総合格闘技といったスポーツと、どこがどう違うのか、その差を見い出すことが難しいほどスポーツ化している。たしかに、試合を行なわない合気道などは、競技スポーツと大きく異なるが、残念ながら技が利いていなくても受けを取る事が一般化し、「それが武道と呼べるのか?」と疑問を呈されるような事も起きている。

この事に関連して思い出すのは、昨年二〇二四年十月三十日付の朝日新聞の『耕論』である。これは「武道はスポーツですか」というタイトルに「柔道が五輪種目に採用されて六十年。剣道や空手、合気道なども世界に広がっている。国際化する武道には、こんな問いが付きまとってきた。武道はスポーツなのか。武道とは何なのか」というリードが付いていた。この問いかけに対して女性の剣道家と、かつて寝技主体の七帝柔道をやり込んだ作家、そして大学の名誉教授で合気道家の三氏が自説を書かれていたものが載っていた。

三氏がどう答えられたかの内容と、それに対する私の感想を書くには紙数を要するので省《はぶ》くが、この問いかけが起らざるを得ないような、柔道界の混乱状態を具体例を挙げて、あらためて詳しく問い直す形で書かれた作家の方の意見以外の二氏の意見は、曖昧で抽象的観念的な発言が目立ち、その意見を読んだ殆どの人が納得するものではなかったと思う。

もし私が「武道とスポーツはどう異なるのか」と質問されたら、「スポーツはルールが絶対であるのに対し、本来の武道はルールは稽古や試合での安全を考慮した、あくまでも仮のものであり、状況によって自分自身がルールを決めることになるもの」と答えると思う。

つまり、武道（この際、武術も含む）は、元々倒敵護身《とうてきごしん》の技法であり、相手の死命を制するものであるので、普段の稽古や、ある程度の技の試し合いの場合は、相手を怪我させることが極力ないようにルールを定めるが、何か非常事態が起こり、例えばいま目の前にいるAという者が多くの人を殺傷させる行為に及ぼうとして、それを止めるにはAの命を奪う恐れがあったとしても、直ちにAを倒さねばならない場合、Aをどう倒すかは、すべてその武道を行なう本人に委ねられていると思うからである。

何といっても、非常事態を想定して出来ている武道武術は、本来その行動ルールは、本人に任されるべきだからだ。そして、その自分で決めたルールによって行動した場合、その責任はすべて自分でとらねばならない。したがって、その覚悟が必要となれば、自然と精神的にも鍛えられる。そのため、その身体の動きに精神的というか心理的要素が深く関わり、「夢想剣」という剣術における用語に代表されるような「我ならざる我」といった、いわば「『もう一人の自分』が迷いなく技を行なう」という世界も拓《ひら》けてくるのだと思う。

これは「ゾーン」とか「フロー」と呼ばれる状態とも重なるようにも思うが、こうした状態に直ちに入るには、ただ反復稽古を繰り返し行なっていただけでは難しい。

繰り返しとなるが、現在、武道といえば一番連想されやすい、剣道や柔道といった試合を行なう武道は、格闘技と分類されるスポーツとの違いは不鮮明となり、試合を行なわない武道ともなれば、言葉だけが肥大化し、それに反比例するかのように内容は乏しいものになっていく恐れが非常に大きくなっている。

今から、ほぼ半世紀前、私が合気道を辞めて「武術稽古研究会」を立ち上げたのは、いま述べた問題を痛切に感じたからである。そして四十数年。極めて幸運なことに何のアテもなく、師とする人もいないなかで稽古研究会を始めたが、稀有《けう》な武術家であった、振武舘《しんぶかん》の、故黒田《くろだ》鉄山《てつざん》師範の知遇を得たり、今回の、この本の共著者の御一人である光岡英稔師範とは特に親しく接していただく御縁などにより、一人で手探りするつもりで始めた、私の武術研究もいつの間にか進展し、ベテランの剣道家や、柔道で日本を代表するような選手も、私の技を体験したいと来られたり、レスリングの専門家からも招かれて、技を実演したりすることが出来るようになってきた。

とはいえ、現在の私が出来ることは、かつて私が学んだ剣術を世に出された、鹿島神流第十八代宗家を名乗られた国井《くにい》道之《みちゆき》（本名、善弥《ぜんや》）師範のレベルには程遠い。何しろ国井師範は戦後のＧＨＱの武道禁止政策を止めさせるため「相手を傷つけずに制する技を、日本の武道は本来持っている」という事を実地で証明するという笹森順造《ささもりじゅんぞう》師範（一刀流の宗家で政治家でもあった）から託された任を負って、米国の銃剣術の教官が本物の銃剣を装着した銃で攻撃してくるところを、木刀をもってこれに対し、完全に傷つけずに制圧して、日本武道継続のため一役かったとされている有名なエピソードを始め、植芝盛平合気道開祖の許を何度も訪れて手合わせを申し入れ、その都度、丁重に断られていたという人物である。

とにかく、「今武蔵《いまむさし》」の異名で知られ、名横綱といわれた双葉《ふたば》山《やま》を実地で教えたり、剣道の歴史の中でも有名な剣道家とも手を合わせ「あまりに簡単に勝てて拍子抜けした」という話も伝わっている。とにかく、武道・格闘技など何でも手合わせを望む者とはすべて受けて立ち、その殆どすべてで圧倒的な実力差を見せた人物である。

「アサヒグラフ」1960年10月2日号

昭和三十五年（一九六〇年）十月二日号の「アサヒグラフ」は、柔道がオリンピック種目に選ばれたことを記念したような柔道特集になっていたが、その特集の次のページに「これが古流だ」と題された国井道之師範の取材記事が見開き二ページに掲載されており、「剣道を小馬鹿にし、柔道をせせら笑い、合気道を鼻先で片づける。柔道がオリンピックに登場しようが国際スポーツとして発展しようがどこ吹く風……」という、現代武道に対する凄まじく挑発的な言葉が並んでいる（まあ、現在の雑誌では、およそこのような刺激的な組み合わせの記事が載ることはないだろうが、戦後まだ十五年、戦前戦中のさまざまな制約から解放された解放感の中で、当時メディアは読者の関心を得るため、このようなかなりドギツイこともしていたのである）。

とにかく国井師範が並外れた実力を持たれていた事は確かなようで、この鹿島神流の道場で直接国井師範から学ばれ、私にこの剣術を伝えてくださった野口弘行《のぐちひろゆき》先輩（私がこの剣術を学んだ当時、私は合気道の山口清吾《やまぐちせいご》師範に専ら就いて稽古していたため、山口師範の許で稽古していた人達は、誰もが山口師範の師範代的存在だった野口先輩のことは、同門の先輩として「野口さん」と呼んでいた）によれば、ある拳法の学生チャンピオンが来た時など、その学生の突きを一瞬で下に、学生の身体ごと潰し、「なんだ、それでチャンピオンか。じゃあ、おめえの相手は手足なかったのか」と、からかわれたという。

とにかく突いていっても、その突きを上からハタキ落とすようにするだけで、身体ごと下に潰されたそうである。野口先輩からも「まるで二階が手の上に落ちてきたような重さで下に潰されましたよ」という感想を聞かされ、「どれほど凄いのか」ともう見ることも叶わない国井師範に激しく憧れたことをハッキリと記憶している。

現在、私はこの国井師範の書簡をコピーも含め複数持っているが、その中には「この鹿島神流を一年半も稽古すれば、五段や六段の剣道の大先生を軽くあしらえるようになる」といった記述がある。おそらく国井師範としては「そうなるはずだがなあ」という実感は持たれていたのだろう。

しかし、現実は難しい。私もこの国井師範から伝えられたという剣術を熱心に稽古し、当時は時間もあったので、ほぼ徹夜で木刀を振り続けたこともあったが、それによって当時稽古していた合気道にハッキリとした上達を感じられたわけでもなかった。

それに、この剣術の組太刀を稽古していれば当然のことだが、仕太刀（技を行なう側）と打太刀（仕太刀の技を受ける側）の両方を行なうわけだが、打太刀を務める時、例えば、この剣術の基本太刀と呼ばれている組太刀の中の「斬割《きりわり》」という、打太刀が「無構《むがまえ》」という木刀を右下に構えたところから、相手の真向を打ち込んでいくと、これを、やはり「無構」から発剣して、応じる仕太刀は、この打太刀の真向からの打ち込みに割り込み、打太刀の木刀を弾き飛ばして仕太刀が打太刀の中心線を斬り下ろすはずなのだが、打太刀が本気でシッカリと打ち込んでくると、中々そうはいかず、打太刀の斬り込みに負けたり、打太刀の木刀は弾いたものの、仕太刀の木刀も弾かれて切先が打太刀の中心から外れてしまったりするのである。しかし、それでは組太刀が成立しないので、どうしても打太刀は打つ威力を弱めてこの「斬割」という組太刀が出来た形になるように仕太刀に忖度《そんたく》をせざるを得なくなる。

ただ、こうしていると、合気道の稽古で相手の動きに合わせて、利いていない動きでも受けをとっている事とあまり変わらない。合気道のレベルが少しでも向上することを期待して、この剣術の稽古を始めたはずなのだが、結果は疑問がいろいろ出てきて迷いが深くなってしまった。

もっとも、私が体験した合気道の指導者の中で、最も技が利いた野口先輩は、この組太刀でも確かに威力があった。しかし、他は誰も私が全力で打ち込むと、上手くこの「斬割」が出来ない。他の組太刀でもいろいろ疑問が出てきたが、誰に訊ねても私自身納得の得られる答えは返ってこなかった。

その後、合気道を離れ、独自に武術の稽古を始め、黒田鉄山師範の知遇を得たり、新陰流の前田《まえだ》英樹《ひでき》立教大学教授（現・名誉教授）との交流などを通して、私が学んだ国井師範から伝えられたという剣術では、とても間に合わないことを実感させられたので、全く独自の剣術を模索し始めた。

そして、二〇〇八年、韓氏意拳の韓競辰老師からのアドバイスもあり、刀の持ち方を、それまでの左手は柄頭から少し外れるぐらい、右手の人さし指は鍔に触れるぐらいという、国井道之伝の剣術の鉄則となっている両手の間を離して持っていた持ち方から、両手を寄せた持ち方へと変更し、これによって真剣が竹刀以上の速度で変化させられるようになり、およそ私がかつて学んだ国井道之伝の剣術とは異なった姿になってきた。

そして、十四年経ち、二〇二二年の秋も深まり始めた頃、本書の共著者の御一人である光岡英稔師範から国井道之・鹿島神流第十八代師範の遺された剣術について「これがどういうものか紐解いていくというコラボ講習会をしませんか」とのお誘いを受けた。「ありがたい」とは思ったが、正直困った。何しろ、もうこの剣術からはすっかり縁が遠くなっていて、刀の持ち方から足の踏み方まで、まるで変わっていたからである。ところが、不思議な御縁で、ちょうどその頃、私の刀の持ち方が大変化した。それは、私がかねてから、さまざまな面で深く影響を受けている整体協会・身体教育研究所の野口裕之《のぐちひろゆき》先生から「刀は両手で持つようですが、あれは片手で持った方がいいんじゃないですか」という思いもかけない提言をいただいたからである。

そして、この片手で持つという事は、見た目は両手で持っているが、片手はただ触れて一緒に動いている程度にするという事で、ここから想像を超える展開が拡がり、「それなら見た目は両手の間を離して柄を持っても問題ない」と思って、光岡師範からのコラボ講習会のお誘いを受け、あらためてこの国井師範が遺された剣術の検討を始めることにしたのである。そして、この事によって、それまではまるで気付かなかった世界が展開をし始めたのである（なお、ここでちょっと断っておきたいが、先ほどから私が「国井師範の遺された剣術」という表現で、この鹿島神流第十八代を名乗られた国井師範の剣術を「鹿島神流」と呼んでいないのは、この「鹿島神流」という名称は、その後この流儀を正式に継いだといわれる方によって商標登録がなされており、この名称はかつてこの流儀に縁のあった者でも、現在の「鹿島神流」の正式な後継者の組織以外では使えないという事情があるからである。武術の流名をこのような形で独占することを国井師範が喜ばれるかは疑問だが、私がかつて鹿島神流として学んだ剣術を、あらためて学び直そうとするにあたって、この名称は使えないようなので「国井道之師範によって世に出た剣術」とか「国井師範の遺された剣術」等と呼んでいるのである)。

さて、いったい数十年ぶりにこの「国井道之師範によって世に出た剣術」を再検討することで、どのような気付きがあったかというと、両手を離した刀の柄の持ち方と「ソの字立ち」といわれる足の踏み方に深い関係があることがハッキリと判ったこと、この流儀の剣術が円転の原理で動くという事について体感での理解が進んだ事などで、かつて「斬割」で打太刀がシッカリ打ってくると上手く割れなかったのが、シッカリ割れるようになったこと。また、この剣術の術理を対柔道のような体術に展開すると、極めて有効なこと等々である。

こうした事に気付けたのも、両手で刀を持っているように見えるが、実質的に片手で持っているという事が野口裕之先生からの提言で可能になったことは大きい。それによって、殆どただ添えているだけで実際には持っていないように思える手（左手）は、実は身体全体でこの柄を持っているので、手で持っているようには感じないという、以前では想像も出来なかった持ち方が出来るようになってきたからだと思う。

そして、こうした事が可能になったもう一つの大きな理由は、光岡英稔師範とこの講習会を御一緒させていただいて、光岡武学の用語である「勁道」とか「観法」といった独自の武術の術理が、いつの間にか私の身体にも自然とうつってきて（この「うつる」という言葉を「移る」「映る」「写る」「伝染る」という、どの漢字を当てたらいいか迷うが）、別に意識的に何かを学ぼうとしたわけでもなく、ただ光岡師範とさまざまな会話をし、私の動きを見ていただいて感想をうかがうといったことを行なっているうちに変わってきたのである。つまり、「光岡英稔」という人物にナマで触れ合うことで、「薫陶《くんとう》」という言葉があるが、文字通りその香りというかエッセンスがうつってきたのだと思う。

現実に我が身にこのようなことが起こって、あらためて、かつて光岡師範から伺った名言が思い浮かんできた。それは『技』は出来るか出来ないかだが、『型』は成立するかしないかだ」というものである。

つまり、「型」「組太刀」と呼ばれる、ある形と手順で攻防を行なう武術の稽古法は、単に技を行なう側と技を受ける側がいて、その手順通りに動いて、その形を行なうだけでは、時代劇の立ち回りの殺陣《たて》で斬り役と斬られ役が、その役で決められた通りに動くことと大差ないものになってしまう。

「型」とか「組太刀」と呼ばれているものを行なうことで、実質的にその武術が使える状態になっていくには「型」「組太刀」と呼ばれるものが、その本来の目的を達成、成立させる内容を持たなければならず、それは「何か得意な技が出来るようになる」という事とはまるで違う難しさがあるということだと思う。

その難しさは、何も近代に入ってから判ってきたわけではない。江戸時代後期、剣術で防具と竹刀が工夫され、竹刀によって直接打ち合う模擬実戦の稽古が行なえるようになったことで、それまで広く行なわれていた「型」「組太刀」による武術の稽古では、ただの殺陣のようになってしまっていた者が多かったことが暴露された。たとえば北辰一刀流を創始した千葉周作成政《ちばしゅうさくなりまさ》のように模擬実践の打ち合い稽古を数多くこなした者に対して、「組太刀」だけで剣術を稽古してきた者は敵《かな》わなくなったからである。

そうした中にあって、この竹刀や防具による打ち合い稽古を広め、現在の剣道に最も大きな影響を与えている千葉周作も感じ入った、寺田五右衛門宗有《てらだごえもんむねあり》のような「組太刀」だけで一切竹刀と防具による打ち合い稽古はしなくても、抜群に出来た者もいたし、その寺田に学んだ白井亨義謙《しらいとおるよしかね》も勝海舟が立ち合って驚嘆しているから、当時の剣客の中にも打ち合い稽古によらず抜群になった使い手は少数だが存在したのだろう。

しかし、明治以降で竹刀防具が主流というより殆ど全《すべ》てそうなった剣の世界で、そうした打ち合い稽古で名を成した人物、つまり剣道家と立ち合い、相手を圧倒した人物は、極めて少ない。それだけに国井師範の実力は突出していたのだと思う。

ただ、この国井道之師範があまりに突出していただけに、直接教えを受けた門人の中にも国井師範ほどではないにしても、他の武道の人達と立ち合って驚かれたという人物の話は、私の耳には入ってこない。

そして、その理由は、先ほどから述べてきたように「組太刀」「型」による稽古は、それによって動きの質を変えることで上達するものなのだが、ただ、その「組太刀」の形をなぞっているだけでは、現実に動きの質を変えることはきわめて難しいからである。

この問題は様々な古流と呼ばれる武術や、合気道などが抱える大きな問題である。それに較べ「地稽古」、「乱取り」、「自由組手」、あるいは「スパーリング」などと呼ばれる模擬実戦の稽古練習体系を持っている現代武道や格闘技は、その環境の中に身を置けば、誰もがある程度は自然と上達する。

ただ、国井師範や合気道の植芝盛平開祖のように、そうした模擬実践の稽古法で名を成した強者をも驚かすようなことが出来た人物が存在したことも確かである。そうでなければ合気道という新興武道がここまで世界中に広がっているはずがない。

植芝翁は国井師範からの立ち合いは断っているが、剣道界の強者として、単に名前だけ有名な人物には決して忖度などしない羽賀準一《はがじゅんいち》師範や、柔道界では大変著名だった阿部健四郎《あべけんしろう》師範らが推服《すいふく》しているところを見ても尋常ではない技の使い手であった事は間違いない。

ただ、こうした天才が行なってきた稽古は、模擬実戦の稽古をしない事で、動きの質を根本から作り替えて来れたのだと思われるが、その優れた天才が後世に遺した稽古訓練法から、他の競技武道の武道家からも関心を持たれる後継者を育て上げる事は難しい。

そして、そういう問題は天才には常につきまとう。そうした中「光岡英稔」という稀有な実力を持ちつつも、技や稽古法の解析力にも優れた武術家が、格闘技の世界のレジェンドとして、格闘技関係者から信頼されている中井祐樹師範と親しく話を交わされた事は特筆に値することで、格闘技の世界と武術（武道）の間に今までにない熱い交流が生まれることを予感するのは私だけではないと思う。

本書がそうした新たな格闘技と武術の交流を開くキッカケとなることを願って筆を擱《お》きたいと思う。

構成・編集協力　尹　雄大

【略歴】

光岡英稔（みつおか・ひでとし）

1972年、岡山県生まれ。空手、柔道、古流柔術、合気柔術、剣術、中国武術、気功などを学ぶ。19才で武術指導のためハワイへ渡米し現地の武術家達と交流をする。2000年に日本へ帰国し武術指導を始める。2003年2月、中国武術の精髄といわれる意拳の創始者、王薌齋の高弟であった韓星橋先師と、その四男である韓競辰老師に出会い日本人として初の入室弟子となる。現在、日本における韓氏意拳に関わる指導・会運営の一切を任されている。また2012年から『文化の実践としての武の探究』を深める為に国際武学研究会（I.M.S.R.I. = International martial studies research institute）を発足し、伝統武具の用い方などの研究を進めている。日本韓氏意拳学会、国際武学研究会代表。著書に『身体の聲——武術から知る古の記憶』（PHP研究所）、『武学探究——その真を求めて』（冬弓舎）『武学探究——巻之二』（冬弓舎）（以上、甲野善紀氏との共著）、『荒天の武学』（集英社新書）『生存教室　ディストピアを生き抜くために』（集英社新書）（以上、内田樹氏との共著）、『退歩のススメ　失われた身体観を取り戻す』（晶文社）（藤田一照氏との共著）、『感情の向こうがわ——武術家と精神家のダイアローグ』（国書刊行会）（名越康文氏との共著）。

中井祐樹（なかい・ゆうき）

1970年、北海道生まれ。北海道大学法学部中退。札幌北高校でレスリング部に入り、その後、北海道大学で高専柔道の流れを組む、寝技中心の七帝柔道と出会う。七帝戦で北大を12年ぶりの優勝に導き、4年生の夏に大学を中退。上京してシューティング（現・修斗）に入門。入門から半年後の93年アマチュアシューティング大会で優勝。同年プロデビュー。1994年、修斗ウェルター級王者。1995年のバーリ・トゥード・ジャパン・オープンに最軽量の71Kgで出場。1回戦のジェラルド・ゴルドー戦で右目を失明しながらも勝ち上がり、決勝でヒクソン・グレイシーと戦う。このときの右目失明で総合格闘技引退を余儀なくされたがブラジリアン柔術家として復活。アメリカ、ブラジルの大会で実績を残す。1997年にパレストラ東京（現・パラエストラ東京）を設立。現在、日本ブラジリアン柔術連盟会長、パラエストラ東京代表。著書に『中井祐樹の新バイタル柔術』（日貿出版社）、『希望の格闘技』（イースト・プレス）、『本当の強さとは何か』（新潮社）（増田俊也氏との共著）。DVDに「中井祐樹メソッド　必修！柔術トレーニング」（BABジャパン）、「中井祐樹　はじめようブラジリアン柔術」（クエスト）など。

術《じゅつ》と道《みち》

——身体《しんたい》で知《し》る武《ぶ》の思想《しそう》

2025 年 3 月 25 日初版第 1 刷発行

著者　光岡英稔
　　　中井祐樹

発行所　株式会社　新泉社
〒 113-0034　東京都文京区湯島 1-2-5　聖堂前ビル
TEL.03-5296-9620　FAX.03-5296-9621

装幀　山田英春
印刷・製本　萩原印刷株式会社

ISBN 978-4-7877-2421-2　C0075　Printed in Japan